Verena und Markus Füllemann   Alex Bänninger

Benteli Verlag Bern

Eine Art Kulturgeschichte des Apfels

Faites

vos

pommes

!

Am Anfang war der Apfel Sammelleidenschaft	6
Eva und Adam Paradies	16
Heldensagen, Götterglück Mythologie	28
Aus dem kaukasischen Kreis Herkunft	42
Diese Süsse, die sich erst verdichtet Sprache und Literatur	60
Die Tochter Wilhelm Tells Politikum	80
Fruchtbare Mitgift Thurgau	94
Zeit, Geduld, Beharrlichkeit Pomologie	108
Das Auge Buddhas Macht, Magie und Medizin	126
Klosterfrauen, Domherren und Normannen Küche und Keller	144
Faites vos pommes! Obstschweiz	168
Anhang	182

Am

Anfang

war

der

Apfel

Es war einmal eine Winde in einem alten Haus im Freiamt. Getrocknete Apfelschnitze waren luftig gelagert und kleine Kinderhände konnten nicht widerstehen... Im Keller duftete es genauso verführerisch, Apfel lag neben Apfel, auf Hurden liebevoll aufgereiht. Apfelschnitzli und Apfelkuchen von Mama gab es in meinem Kinderparadies, Öpfelchüechli lockten im Haus meiner Grossmutter Bertha Borsinger-Walser, in der «Blume» in Baden, Öpfelbröisi duftete bei der grossen Nachbarsfamilie in einer schweren schwarzen Pfanne, und Bratäpfel von Papa, geschmort auf dem Holzofen im Gang oder im Mottfeuer, machten die Seligkeit voll. Welch eine Freude, Jahre später die «neue Erfindung», den «Herbstling», die Bratäpfel von Matthias Claudius kennenzulernen:

> *«Der Herbstling ist nur kurz und wird mit Bratäpfeln gefeiert. Nämlich: wenn im Herbst der erste Schnee fällt, und darauf muss genau acht gegeben werden, nimmt man so viel Äpfel, als Kinder und Personen im Hause sind und noch einige darüber, damit, wenn etwa ein Dritter dazu käme, keiner an seiner quota gekürzt werde, tut sie in den Ofen, wartet bis sie gebraten sind, und isst sie denn.*
>
> *So simpel das Ding anzusehen ist, so gut nimmt sich's aus, wenn's recht gemacht wird. Dass dabei allerhand vernünftige Diskurse geführt, auch oft in den Ofen hineingeguckt werden muss, etc., versteht sich von selbst.»*

Kräftigen Nachschub erhielt unser Apfelvorrat in Wohlen jeweils an Weihnachten, wenn Grossmutter Frieda Kuhn-Lustenberger «Jonathan» en gros zu verschenken pflegte. Sie knüpfte damit an ihre Jugend in der Langrüti in Cham an, wo G. H. Page, der Generaldirektor der Anglo-Swiss Condensed Milk Company in Cham, um 1880 40 000 Obstbäume hatte pflanzen lassen, darunter auch die Sorte «Jonathan», die zuerst «Rick Apple» geheissen hatte, als sie 1820 in Woodstock, New York, entdeckt wurde.

Vier Jahre in Freiburg im Uechtland erweiterten den Apfelsafthorizont. Zum Süssmost der Fremo gesellte sich der Most aus Düdingen und Murten, und bei einem festlichen Mahl wurde der erste «coup du milieu», ein kalt servierter Apfelschnaps, «une pomme» aus Bulle, serviert.

Für einen Füllemann ist Berlingen der Inbegriff von Most und knackigen Äpfeln. Jahrelang fanden die Herbstferien im Heimatort statt, wo vollbehangene Apfelbäume im «Fall» auf die Ernte warteten. Wenig geht über einen taufrischen Fraurotacher am frühen Morgen! Weniger Verständnis hatte

Paul Cézanne (1819–1906), *Stilleben mit Fruchtschale und Äpfeln*, um 1879–1882, Öl auf Leinwand, 55 × 74,5 cm, Sammlung Oskar Reinhart «Am Römerholz» Winterthur

ich als Primarschüler hingegen für das Ab- und Auflesen den ganzen Tag hindurch. Aber darum kümmerten sich ja die Eltern, der Grossvater, der Onkel und die Tante. Äpfel wurden fein säuberlich sortiert, in diejenigen zum Einkellern und diejenigen zum Mosten. Die ersteren transportierte die SBB nach Zurzach, die letzteren wurden in Berlingen per Leiterwagen zur Mosterei gebracht und dort via Paternoster und Mühle in Apfelbrei verwandelt. Diesen pressten wir im Haus des Onkels selbst. Und da in Berlingen die Keller ebenerdig sind, des Seedrucks wegen, waren die Türen zur Strasse geöffnet, Nachbarn schauten herein, probierten und kommentierten. Süss blieb der Most damals nur wenige Tage. Im Fass wurde er bald erwachsen, mutierte zum Saft.

Einige Jahre später erwartete mich die Erkenntnis, dass in den USA auch die Äpfel grösser und regelmässiger waren als in der Schweiz. Die Landung per Schiff im Big Apple zeigte den Unterschied zu Zurzach und Berlingen recht deutlich und das Standard-Dessert Apple-Pie war imposanter als ein schweizerischer Apfelkuchen. Während des AFS-Jahres in New Jersey lernte ich den «Apple Butter» kennen, der mit Butter nichts zu tun hat, sondern eine Apfel-Zimt-Mischung darstellt. Die strikten Limiten des «Drinking Age» verhinderten, dass ich schon damals den «Apple Jack» probiert hätte, ein Brandy, der nicht durch Destillation, sondern durch Tiefgefrieren gewonnen wird. Vielleicht stammen die dazu benötigten Äpfel von einem der Bäume, die von Johnny Appleseed auf seiner Wanderung durch die USA gepflanzt wurden. Er hat bei uns Albin Zollinger zu einer Ballade inspiriert.

Unsere Hochzeitsreise führte nach Schottland und England, wohin wir von nun an immer wieder zurückkehrten. Daran war weniger der Whisky «Mrs. McGillvray's Scotch Apple» schuld, als der wunderbare Garten der Royal Horticultural Society von Wisley, südwestlich von London, und das Forschungszentrum Brogdale, bei Faversham in der Nähe von Canterbury, wo 2200 Apfelsorten gehegt werden, beispielsweise «Adam's Pearmain» und «Epicure». Kulinarisch liessen wir uns von «Apple dumplings», «Blackberry-and-Apple-pie», «Pork-and-Apple-pie» ebenso verführen wie von «Apple Chutney» und «Baked Apples with Rosemary», während wir die in frischem Stroh während fünf Stunden sachte geschmorten «Biffins» aus Norfolk bisher lediglich gedanklich gekostet haben.

Erstausgabe 24. September 1966, 4 × 2,5 cm

Simone Kappeler (1952), *Trilogie des Mostens*, Kundenmosterei Erna Burkhard, Hattenhausen/TG, 1994, Privatbesitz

In Brogdale geht man davon aus, dass die Römer ums Jahr 55 vor Christus den kultivierten Apfel nach England gebracht haben. Dagegen war es St. Teilo aus Wales, der im 6. Jahrhundert Bischof Sampson in der Normandie besuchte und Mostäpfel, Cideräpfel, mitbrachte. Zusammen pflanzten sie einen grossen Obstgarten «Arboretum Telavi et Samsonis». Der erste namentlich genannte «cider apple» war der «Pearmain», urkundlich als «Ciderapfel» erwähnt im Jahr 1204 in Norfolk. Auf unseren Reisen lernten wir den traditionellen Cider («served from cask») kennen, aber auch Cider in Dosen, die sich bei uns zu stapeln begannen: alte Varianten wie «Woodpecker», «Strongbow», «Dry Blackthorn» und «Scrumpy Jack», neue Produkte wie «K» und «Diamond White». Für Cider Enthusiasten gibt es glücklicherweise «The good Cider guide» mit Hinweisen auf Cider Produzenten und Cider Pubs.

Bei der Vorbereitung unseres 20. Hochzeitstages, den wir im Juni 1994 in der Alten Kirche Boswil im Zeichen des Apfels feierten – bereits am 11. Juni 1974 war ein Sorbet mit Calvados serviert worden – hätten wir gerne eine Kulturgeschichte des Apfels gekauft, mit Schwerpunkt Schweiz, aber mannigfachen Exkursen ins Ausland. Als wir nicht fanden, was wir gern betrachtet und gelesen hätten, beschlossen wir, unsere alte Apfelliebe zu fruktifizieren. Besuche in Bibliotheken und Sammlungen liessen nicht nur unsere Ordner anschwellen und unsere virtuelle Sammlung von Apfelstilleben und Genrebildern mit Äpfeln immer grösser werden, sondern sie haben uns auch neue Freunde geschenkt, die uns von ihren Apfelerfahrungen und Apfelerinnerungen erzählt haben.

Die Bilder stammen zur Hauptsache von Schweizer Künstlern und Schweizer Sammlungen, mit einigen Ausnahmen, wie etwa das Werk von Pieter de Hooch, «A Woman peeling Apples», aus der Wallace Collection in London, dessen Ausstrahlung seit Mai 1993 nicht nachgelassen hat. Äpfel schälen an der Steingasse und an der Wehrlistrasse, Apfelschalen auf schmunzelndes Geheiss von Mama über die Achsel werfen und schauen, ob ein Buchstabe zu eruieren sei, feine Apfelschnitze auf Blätterteig schichten, Zucker und Butterflöckli darüberstreuen ... «Schreibe uns, welche Dir am besten munden», heisst es auf einer Postkarte von Grosspapa Max Borsinger an seine Tochter im Pensionat. «Die kleinen sind Grauiker, die rotgelben Goldparmänen, die braunen Reinetten und die grossen Pfundäpfel.»

Pieter de Hooch (1629–1684),
A Woman peeling Apples, um 1660,
Öl auf Leinwand, 70,5 × 54,3 cm,
Wallace Collection London

Unsere Neigungen und Vorlieben haben dieses Buch geprägt, wie auch das persönliche Interesse an Wilhelm Tell bei Alex Bänninger durchschimmert. Vor zwei Jahren haben wir ihn über unsere Liebe zu den Äpfeln informiert und ihn als Dritten im Bund gewinnen können, im Anschluss an seinen Vortrag auf dem Wolfsberg zum Film über Hans Baumgartner von Yvonne Escher, wo er von roten Äpfeln sprach. Alex Bänninger hat nicht nur den Text dieses Buches im Frühjahr und Frühsommer 1997 geschrieben, sondern uns auch 1996 mit Till Schaap vom Benteli Verlag bekannt gemacht. Mit grossem Wohlwollen hat Rudolf Mühlemann, Senior der Offizin Mühlemann in Weinfelden, unser Buchprojekt seit Beginn begleitet. Vorbildlich unterstützt haben uns Kaspar Mühlemann und Christof Mühlemann, die für die Gestaltung und den Druck verantwortlich zeichnen. Ob es ein Zufall ist, dass der grosse Apfelfreund Cuno Amiet Urgrossmutter Marie Mühlemann-Christen als Kind in der Oschwand porträtiert hat? Für die schöne und fruchtbare Zusammenarbeit und die freundschaftlichen Kontakte danken wir Alex und Regula Bänninger, Rudolf, Tilly, Kaspar und Christof Mühlemann und Till Schaap aufs herzlichste.

Allen Lesern wünschen wir schöne Apfelreisen und einen herzhaften Augen- und Gaumenschmaus, in Museen und im Mostorama, auf den lokalen Markt, im Baumgarten des nahen Bauern, im eigenen Garten und in der Küche: «en Guete» und viel Vergnügen.

Verena und Markus Füllemann
Baden, Oktober 1997

Roy Lichtenstein (1923), *Yellow Apple*, 1981, Magna auf Leinwand, 61 × 61 cm, Privatbesitz

Eva

und

Adam

Der Gedanke an den Apfel bringt uns, wie die Erfahrung lehrt, schneller an den fernen Anfang der Menschheitsgeschichte zurück als an den zeitlich sehr viel näheren Beginn der eidgenössischen Geschichte. Abertausende von Jahren sind rascher durchflogen als siebenhundert. Der Apfel ist eine phantastische Zeitmaschine. Adam und Eva scheinen präsenter und populärer zu sein als Tell und Gessler. Die Probe aufs Exempel beweist, dass das in die Runde geworfene Stichwort «Apfel» sofort und am häufigsten dem Stichwort «Paradies» ruft. Schillers Drama vermag es mit der Berühmtheit der biblischen Erzählung offenbar nicht aufzunehmen. Zu tief sitzt der Sündenfall in unserem Bewusstsein. Er wird im Apfel symbolisiert. Seine klassische Deutung ist jene der verführerischen Kraft. Sie hat auch auf dieses Buch gewirkt. Es beschäftigt sich als erstes mit dem Garten Eden. Und zollt so dem magischen, fatalen und teuflischsüssen Apfel den gebührenden Tribut und Respekt. Zunächst jedenfalls. Denn es drängt sich auf, an der traditionellen Überlieferung mit dem Vergnügen der Kritik zu zweifeln. Alte Antworten ertragen ganz gut neue Fragen. Sonst würde auch jede künstlerische Darstellung des Paradieses der andern ähnlich sehen. Dann wüssten wir hinlänglich, wie es wirklich war. Dass wir es nicht genau und abschliessend wissen – jetzt und nie –, verleiht dem ersten und ewigen Menschheitskapitel die Spannung der Entdeckungsmöglichkeit.

Wer den Apfel versteht, versteht die Welt. Aber wer ihn bloss isst, beisst hinein in die Vitamine und vorbei an seinem verwirrend und verzaubernd grossartigen Reichtum. Denn wenn wir begreifen, weshalb die Schlange zuerst Eva und sie Adam gegen alles göttliche Geheiss mit einem Apfel verführte, dann begreifen wir den Menschen, mit ihm die Welt – und am Ende uns selbst.

> *«Und Gott der Herr gebot dem Menschen und sprach: Du darfst essen von allen Bäumen im Garten, aber von dem Baum der Erkenntnis des Guten und Bösen sollst du nicht essen, denn an dem Tage, da du von ihm issest, musst du des Todes sterben.»*

So mahnt und droht die Bibel. Ein strengeres Lebensmittelgesetz hat es nie mehr gegeben. Übers Essen sagen auch die zehn Gebote nichts. Das 1. Buch Moses, vor mehr als zweieinhalbtausend Jahren von einem Autor aus Judäa geschrieben, berichtet vom urzeitlichen Sündenfall und davon, dass der Mensch mit der Lust auf einen einzigen Biss die Mühsal dem Paradies vorzog, die Vergänglichkeit dem ewigen Leben. Warum?

Werden wir klüger aus dem «Luzerner Osterspiel» und seinem reizvollen Dialog, den Eva und Adam im Jahre 1583 führten, gewissermassen aus der unendlichen historischen Distanz?

> *«Adam, lieber, versuch die spys,*
> *Nitt besser ists im paradys.»*
>
> *«Nein, Männin, wir brächend das gebott,*
> *So vns erst gab vnser Herr vnd Gott.»*
>
> *«Adam, lieber, söllche red thu stillen,*
> *Iss doch dess öpffels vmb minentwillen!*
> *Es ist doch nütt, dass ich vnderliess,*
> *Adam, so din mund mich das hiess.»*

Haben wir bloss genauer vernommen, wer wen verlockte, und noch immer nicht, warum der Entscheid für die Arbeit im Schweisse des Angesichts fiel und gegen das reine Glück, fürs Jammertal und gegen den blühenden Garten Eden, gegen die Südsee und die Toscana zusammen?

> *«Da sprach Gott der Herr zu der Schlange: Weil du das getan hast, seist du verflucht, verstossen auf dem Felde. Auf deinem Bauche sollst du kriechen und Erde fressen dein Leben lang.»*
>
> *«Und zum Weibe sprach er: Ich will dir viel Mühsal schaffen, wenn du schwanger wirst; unter Mühen sollst du Kinder gebären. Und dein Verlangen soll nach deinem Manne sein, aber er soll dein Herr sein.»*

Marcantonio Raimondi (um 1480–1530/34), *Adam und Eva*, um 1527, Kupferstich, 23,6 × 17,5 cm, Graphische Sammlung der ETH Zürich

Lucas Cranach d. Ä.
(1472–1553), *Adam and Eve*, 1526,
Öl auf Holz, 117 × 80 cm,
Courtauld Gallery London,
Lee Collection

VS, wohl Veit Specklin
(gestorben 1550),
Der Sündenfall, kolorierter
Holzschnitt nach einer
Zeichnung von Hans
Holbein d. J. (1497–1543),
Zürcher Bibel von 1536,
Stiftsbibliothek Einsiedeln

«Und zum Manne sprach er: Verflucht sei der Acker um deinetwillen! Mit Mühsal sollst du dich von ihm nähren dein Leben lang. Dornen und Disteln soll er dir tragen, und du sollst das Kraut auf dem Felde essen. Im Schweisse deines Angesichts sollst du dein Brot essen, bis du wieder zu Erde werdest, davon du genommen bist.»

«Und er trieb den Menschen hinaus und liess lagern vor dem Garten Eden die Cherubim mit dem flammenden, blitzenden Schwert, zu bewachen den Weg zu dem Baum des Lebens.»

Johann Heinrich Füssli (1741–1825), *Adam und Eva bei der Arbeit*, Kopie nach Tobias Stimmer (1539–1584), 1752, Federzeichnung, 25 × 35,8 cm, Kunsthaus Zürich

Mit dem Apfel beginnt das Fragen und mit ihm das Abenteuer der denkenden und irrenden Menschen. Mit dem Apfel gelingt vielleicht die Antwort.

Aber warum die Erbsünde um den Preis eines Apfels? Warum kein Edelstein, kein Gold und kein Palast?

Wir wissen es nicht. Wir wissen nur, dass sich die Idee des Paradieses seit der Jungsteinzeit, seit achttausend Jahren, als eine Insel oder Oase mit Fruchtbäumen manifestiert. Daraus können wir wenigstens schliessen, dass die vertrauensselige Eva und der törichte Adam eine Frucht assen. Wie sie hiess, sagt die Bibel nicht, in der Genesis nicht und nirgendwo.

Von Äpfeln lesen wir erst später und anders, etwa in den Sprüchen Salomos:

«Ein Wort geredet zu rechter Zeit, ist wie goldene Äpfel auf silbernen Schalen.»

Oder im Hohelied Salomos, den biblischen Liebesliedern:

«Labt mich mit Äpfeln, denn ich bin krank vor Liebe.»

Deutlicher noch und erotisch wie nie in der Genesis, obwohl dort Mann und Frau ihrer Nacktheit gewahr wurden:

«Lass deine Brüste sein wie Trauben am Weinstock und den Duft deines Atems wie Äpfel.»

Und:

«Er erquickt mich mit Traubenkuchen und labt mich mit Äpfeln; denn ich bin krank vor Liebe.»

Der Apfelbaum auch als der Traum vom Geliebten:

«Wie ein Apfelbaum unter den wilden Bäumen, so ist mein Freund unter den Jünglingen.
Unter seinem Schatten zu sitzen, begehre ich,
und seine Frucht ist meinem Gaumen süss.»

In der Schöpfungsgeschichte ist die Rede nur von der «Frucht des Baumes der Erkenntnis des Guten

Hans Heinrich II Pfau?
(1598–1673), *Adam und Eva*,
1647, Ofenkachel, 51 × 36 cm,
Schloss Wülflingen,
Gottfried-Keller-Stiftung

Hans Holbein d. J. (1497–1543),
Adam und Eva, 1517, gefirnisste
Tempera auf Papier auf Tannen-
holz aufgezogen, 30 × 35,5 cm,
Öffentliche Kunstsammlung
Basel, Kunstmuseum

und Bösen». Ob es sich um Quitten handelte, um Pfirsiche oder Aprikosen, einfach um kerniges, rundes Obst?

Beim Ergründen dessen, weshalb aus den denkbar möglichen Früchten im christlichen Abendland die eine und ganz bestimmte biblische Frucht geworden ist, die berühmteste aller Früchte, lässt uns die Sprachkunde im Stich. Die Pflanzen- und Früchtenamen änderten oft. Verschiedene Pflanzen und Früchte trugen den gleichen Namen. Griechen und Römer benannten alles kernige Rundobst mit «mélon» und «malum»: den Apfel genauso wie den Holzapfel und den Granatapfel, die Quitte, den Pfirsich und die Aprikose. Könnten es auch Feigen gewesen sein, weil sich Adam und Eva mit Feigenblättern bedeckten?

Die Kunst entschied sich für den Apfel. Die älteste erhaltene Vorstellung des Sündenfalls, eine Wandmalerei in der Katakombe von San Gennaro bei Neapel aus dem 2. Jahrhundert, nimmt nach allem, was erkennbar ist, das Apfelmotiv auf. Es findet sich auf frühchristlichen Bronzelampen und fortan über alle Epochen hinweg: der Apfel in Evas oder Adams Hand, in beider Hände, im Maul der Schlange und hängend am Baum.

Und noch etwas findet sich in den künstlerischen Paradiesdarstellungen bestätigt, dass Eva Adam verführte, die Frau den Mann. Sie ist an seinem Elend schuld und am Elend überhaupt. Daran kann, so scheint es jedenfalls, nicht gerüttelt werden. «Malum ex malo», alles Unheil kommt vom Apfel.

Der Doppelsinn von «malum», der das Böse meint und das runde Kernobst, verkürzt den Gedankenschritt von der Frucht schlechthin zum verlockenden, fleischigen und saftigen, sündhaft süssen Apfel. Das einmalige und einzigartige paradiesische Ereignis entspricht, wenn etwa kühne Vergleiche hilfreich sind, dem einmaligen und einzigartigen Augapfel.

In Eva entstand Unsicherheit. Die Schlange weckte sie mit der listigen Frage, ob ihr Gott denn wirklich den Genuss von Früchten verboten habe.

«Wir pflücken sie», antwortete Eva,

«ohne die Früchte vom Baum in der Mitte des Gartens. Würden wir sie essen oder auch bloss berühren, müssten wir nach dem Willen Gottes sterben.»

«Keineswegs», wandte die Schlange ein,

Der Verführer, um 1280, Sandstein, Höhe 167 cm, südliches Portal der Westfassade des Strassburger Münsters

Unbekannter Illuminator im Umkreis der Ulmer Drucker, *Versuchung im Paradies*, Devotionale pulcherrimum des St. Galler Abtes Ulrich Rösch, 1472, Stiftsbibliothek Einsiedeln

David Haisermann, *Vergoldete Tischuhr mit Stundenschlag*, um 1630, Höhe 32 cm, Historisches Museum Basel, Haus zum Kirschgarten

«keineswegs: aber eure Augen würden sich öffnen; ihr wäret fähig wie Gott, zwischen Gut und Böse zu unterscheiden.»

Es ist dieses geradezu verschwörerische Einvernehmen zwischen der Schlange und Eva, weshalb auf zahlreichen Bildern die Schlange Eva gleicht und Eva der Schlange. Eines der klarsten Ebenbilder malte Michelangelo zwischen 1508 und 1512 an die Decke der Sixtinischen Kapelle. In seinem «Sündenfall» entdecken wir, dass nicht eine ahnungslose Eva, sondern zwei starke Frauen, eine Schlangeneva und eine Evaschlange, den schwachen Mann verführten. Als aktiv erscheint uns Eva, als passiv Adam. Mit ihr siegt das Gefühl über den Verstand. Auch Cuno Amiet nimmt 1895 als Sechsundzwanzigjähriger im «Paradies» das Thema in einer ähnlichen Weise auf: die vor einem das Bild füllenden Apfelbaum stehende Eva, über ihr die Schlange, reicht dem wie zum Gebet hingekniten Adam einen Apfel. Über der Szene liegt die reine Unschuld. Dass sich Amiet mit diesem Werk an einem Wettbewerb nicht irgendwo beteiligte, sondern für den Wandschmuck am Bundesgericht in Lausanne, gibt der Auslegung eine zusätzliche Dimension.

Eva war es, die einen schicksalhaften Entschluss fasste. Mit der Frucht vom Baum der Erkenntnis erwarb sie nicht allein das Vermögen, zwischen Gut und Böse unterscheiden zu können, sondern überdies und viel wichtiger das Recht, im freien Handeln entweder das Gute oder das Böse zu wählen. Eva brach aufbegehrend und mit dem Anspruch, ethische Fragen selber zu beantworten und ethische Urteile alleine zu fällen, aus dem goldenen Käfig des Paradieses aus und begründete mit Adam die menschliche Welt und mit ihr den Gegensatz von Mensch und Gott.

Aus der Verführung wird die Befreiung – und aus der Ewigkeit des Paradieses die Ewigkeit der Verdammnis. Darum gibt in barocken Kunstwerken der Tod als Knochenmann mit dem Apfel in der Hand zu verstehen, dass sich die Ursünde in unserer Sterblichkeit sühnt. Die Endlichkeit des Lebens bedingt sich in der Unendlichkeit der Freiheit.

Der Apfel mithin das Symbol des befreiten und zugleich dem Tod geweihten Menschen, der Liebe und der Sterblichkeit? Ja. Doch nach dem Apfel greift bei manchen Künstlern auch das Jesuskind, weil es sinnbildhaft die Sünden der Welt auf sich nimmt. Und wo es der Brauch ist, den Christbaum mit einem Apfel zu schmücken, verheisst er die Rückkehr ins Paradies.

Hans Baldung, gen. Grien (1484/85–1545), *Die heilige Anna Selbdritt*, gefirnisste Tempera auf Lindenholz, 70 × 48,5 cm, Öffentliche Kunstsammlung Basel, Kunstmuseum, Gottfried-Keller-Stiftung

Oberrheinischer Meister, *Das Paradiesgärtlein*, um 1425, Holz, 26,3 × 33,4 cm, Städelsches Kunstinstitut Frankfurt am Main

Charles-Frédéric Brun, gen. «Le Déserteur», (1814 ?–1871), *La Naissance de l'Enfant Jésus et l'Adoration des Rois Mages*, um 1850, Deckfarben auf Papier, 36 × 47,5 cm, Privatbesitz

Vielleicht Konstanzer Werkstatt, starker elsässischer Einschlag, *Maria mit Kind*, um 1280, Glasgemälde, grösster Durchmesser 39,5 cm, Kreuzgang im Kloster Wettingen, Kanton Aargau

Die Vieldeutigkeit des Apfels macht seine Geschichte spannend. Es gehört zu seinem Geheimnis, die Frucht der Früchte geworden zu sein, die Frucht unseres grössten Dramas und die Frucht des Fragens und Zweifelns, mit dem das Denken einsetzt, die Freiheit und der Fluch, über uns zu bestimmen.

So und nicht anders wird es gewesen sein: dass der Apfel für Eva und Adam keine kindische, romantische, süsse und sündhafte Verführung war, sondern eine Gabe – wenn keine göttliche, dann eine paradiesische – und die Erfüllung einer nach Freiheit drängenden Sehnsucht. Über dieses Glück hören wir das Lachen gegen jede Last und Qual, auch gegen den Tod.

Wir hören dieses Lachen – sofern wir es wollen. Aus dem Alten Testament können wir es vernehmen und aus vielen künstlerischen Interpretationen des Paradieses. Ob es jedoch eine unbeschwerte Heiterkeit war oder eine gespielte und letztlich unbotmässige? Dann wäre Eva und durch sie auch Adam rebellisch gewesen, nicht aus dem Garten Eden vertrieben, sondern aus ihm flüchtend in der festen Überzeugung, eine gute und schöne Welt nur zu verlassen, um die beste und schönste mit Sicherheit erst noch zu finden. Welche Täuschung! Und welch blosses und tragisches Scheinglück, das das erste Menschenpaar lachend als Befreiung empfand! Oder haben sie uns exemplarisch vorgelebt, das Schicksal in die eigene Hand zu nehmen?

Ja, so war es und muss es bestimmt gewesen sein. Doch wenn es so wäre, hätten wir die Welt verstanden. Vielleicht. Und uns. Wenn wir das überhaupt wollen.

Heldensagen

Götterglück

Der Apfel verlockt und verführt uns. Er reizt uns, ja er provoziert. Ob er uns gefügig und willenlos macht, ist eine berechtigte Frage. Er bringt uns in Gefahr. Kriege entfesselt er und die Liebe zwischen zwei Menschen. Mit ihm kommt das Unglück, mit ihm das Glück. Davon berichten die Sagen und Mythen seit erdenklichen Zeiten: aus der persischen Kultur wie aus der keltischen, aus der ägyptischen, griechischen und römischen. Im Norden und Süden, Osten und Westen ist der Apfel ein zentrales Thema. Er bestimmt über Leben und Sterben. Wir können es als Widerspruch auffassen oder als einen Reichtum an Geheimnissen. Die Frucht der Früchte spiegelt das menschliche Wesen. Oder umgekehrt: die Menschen haben ihre Seele mit ihrem hellsten Strahlen bis zu ihrem dunkelsten Schwarz sinnbildhaft in den Apfel gelegt. Wenn wir die Göttinnen und Götter beim Spiel mit den goldenen Früchten beobachten, dann blicken wir sowohl auf die Höhen der Tugend als auch in die Tiefen des Neides, der Gier und der Feindschaft. Mit dem Apfel erleben wir nichts weniger als Dantes «Göttliche Komödie».

Niklaus Manuel, gen. Deutsch
(um 1484–1530), *Das Urteil des
Paris*, 1517–1518, ungefirnisste
Tempera auf Leinwand, 223 × 160 cm,
Öffentliche Kunstsammlung Basel,
Kunstmuseum

So harmonisch der Apfel geformt ist, so sehr sperrt er sich gegen die Interpretation. Er kollert aus der deutenden Hand. Dem Symbol des Lebens und der Liebe steht jenes des Todes gegenüber, dem Symbol der weiblichen Anmut jenes der männlichen Macht. Der eine überhöhte Sinn des Apfels hebt sich im andern als Gegenteil auf. Im Chinesischen bilden «Apfel» und «Frieden» einen Gleichlaut. Bei den Griechen war ein Apfel der Anfang eines langen und blutigen Krieges.

Er begann mit dem «Urteil des Paris», dem Sohn des trojanischen Königs Priamos. Als Aphrodite, die Göttin der Liebe und des ewigen Lebens, mit Hera, der Frau des Zeus, und deren Tochter Athene, der Weisheitsgöttin, darüber stritt, wer die Strahlendste und Bezauberndste im Lande sei, enthielt sich Zeus der heiklen Antwort. Er empfahl den drei Göttinnen, sich dem Urteil des als Schäfer lebenden Paris zu stellen. Dieser warf Aphrodite den Schönheitsapfel zu, der für Hera und Athene zum Zankapfel wurde, ihren Hass auf Troja steigerte und 1193 v. Chr. den fünf Jahre dauernden Krieg auslöste.

Das ist eine der vielen Varianten der berühmten griechischen und eine der berühmtesten Apfelsagen. In anderen Erzählarten wird deutlich, dass auch im patriarchalischen Götterstaat höchst menschliche Gekränktheiten und Untugenden die geringfügigen Ursachen für verheerende Wirkungen sein konnten:

Zu einem Hochzeitsfest war eingeladen, was göttlichen Rang und Namen besass – nur Eris nicht, die Göttin des Streits und Haders. Blass vor Neid mischte sie sich unter die feiernde Gesellschaft und schleuderte wutentbrannt einen Apfel in die Runde mit der perfiden Aufschrift «Der Schönsten». Hera, Aphrodite und Athene stritten sich, wem die Auszeichnung wohl gebühre. Der als Schlichter angegangene Zeus zog es vor, ein Weiser zu sein und kein Richter, weshalb er das zänkische Trio an Paris verwies.

Hera suchte dessen Gunst zu erwerben mit dem Versprechen ewiger Gesundheit und Athene mit jenem des militärischen Ruhms. Paris entschied sich für die Zusage Aphrodites, ihn mit der schönen Helena zu verheiraten. Weil diese bereits Menelaos, dem König von Sparta, angetraut war, kam es zum Raub Helenas durch Paris und deswegen zum Trojanischen Krieg.

Fiel nun die kleinasiatische Stadt in Schutt und Asche wegen einer attraktiven Frau, eines Desperados oder eines Apfels?

Etruskischer Bronzegriffspiegel, *Paris, Hermes und Aphrodite*, Mitte 4. Jh. v. Chr., maximale Grösse 22,7 cm, Musée cantonal d'archéologie et d'histoire Lausanne

Metope des Zeustempels in Olympia, *Athene, Herkules und Atlas*, um 465–460 v. Chr., Höhe 160 cm, Archäologisches Museum Olympia

Pyxis, *Hesperiden*, um 470 v. Chr., Höhe 14 cm, Durchmesser 11,5 cm, British Museum London

Jedenfalls soll immer klarer werden, dass der Apfel das unschuldigste und harmloseste aller Symbole nicht ist. Er verkörpert auch die List – und nicht allein durch die paradiesische Schlange.

Atalante, die Tochter des Königs von Scyros, war eine blendende Läuferin, die ihre Liebhaber vor die erregende Wahl stellte, entweder in einem Wettrennen zu siegen und die Verliererin heiraten zu dürfen oder umgebracht zu werden.

Als Hippomenes, Neptuns Enkel, auf die Alternative zwischen Ehe und Exitus einging, nahm er in die Arena drei goldene, von Aphrodite geschenkte Äpfel mit. Er liess den einen fallen, dann den zweiten, Atalante jedes Mal die Gelegenheit gebend, die Pretiosen aufzuheben, indem er seinen Schritt verlangsamte. Beim dritten Goldapfel jedoch, den er seiner Geliebten vor die Füsse rollen liess, setzte er unvermittelt zum Spurt an, um mit dem sportlichen auch das eheliche Ziel zu erreichen.

Und aus der berühmten Begegnung zwischen Herkules und den Hesperiden können wir nicht nur erfahren, wie traumhaft ein Apfelbaum mit goldenen Früchten den Garten überstrahlte, den die Erdmutter Rhea ihrer Tochter Hera als Symbol des ewigen Lebens zur Hochzeit mit Zeus schenkte, sondern zur Kenntnis nehmen, dass der Apfel dem antiken Strafvollzug diente.

Denn dafür, dass Herkules seine Frau und die eigenen Kinder tötete, verurteilte ihn Eurystheus, König von Mykene, Tiryns und Medea, zu den legendären zwölf herkulischen Strafen. Die elfte – nicht weniger gnadenlos als die übrigen – bestand darin, auf der Insel der Hesperiden einen Apfel zu pflücken. Das hätte sich leicht ausgenommen, zu leicht und zu milde für den mythologischen Helden, wäre der Apfelbaum nicht auch beschützt gewesen vom hundertköpfigen, Tag und Nacht wachenden Drachen Ladon, der seinen Schwanz um den Stamm des Apfelbaums schlang: unbezwingbar für jeden ausser für Herkules.

Die Symbolik des Apfels ist bei den Babyloniern, Ägyptern, Indern, Griechen und Römern voll des magischen und faszinierenden Reichtums: über alle Zeiten hinweg, seit fünftausend Jahren. In jedem Kulturkreis gehört er zu den Attributen der Liebes- und Fruchtbarkeitsgöttinnen, der griechischen Aphrodite, der römischen Venus oder der nordischen Freyja, die jedoch nicht die Liebe allein hütet, sondern überdies die heftige und rauschende Leidenschaft.

Wie die alten Griechen bei Atalante und Hippomenes den Apfel als Juwel entscheidend ins

34

Wandpanneau, *Vertumnus und Pomona*, um 1700, bunte Wolle, gestickt, 271 × 181 cm, ehemals im Haus zum oberen Berg, Zürich, Schweizerisches Landesmuseum Zürich

Aristide Maillol (1861–1944), *Pomona*, 1908–1910, Bronze, Höhe 165 cm, Museum am Ostwall Dortmund, Guss im Garten der Villa «Flora» Winterthur

kämpferische Liebeswerben einbringen, so taten dies auch die Armenier, die um 1200 v. Chr. im Westen Kleinasiens siedelten.

Jene Jungfrau, die ihm die Krone auf hundert Schritt Entfernung vom Kopf werfen könne, verkündete König Ambanor, solle seine Gemahlin werden. Woran alle scheitern, gelingt einer Grazie, die mit einem diamantenen Apfel wirft. Im Namen Ambanor hält sich die altarmenische Frühlingsgöttin Amanora mythologisch verborgen.

Zwar übernahmen die Römer von den Griechen sozusagen kopierend das Pantheon, aber einer Göttin huldigten sie aus eigener Glaubenskreativität: Pomona, Walterin über die Gärten und Früchte, ganz besonders über die Äpfel, und sinnfällig verheiratet mit Vertumnus, dem Gott des Frühlings. Bilder und Skulpturen zeigen sie mit Gartengeräten und dem Okuliermesser, Ausdruck der von den Römern im wahrsten Sinne des Wortes zur Blüte entwickelten Kultivierung des Apfels.

Von der Liebeshoffnung über das Liebesgeständnis bis zur käuflichen Liebe begegnen wir symbolisch und realistisch dem Apfel.

Wer wissen wollte, ob sich ihm ein Verlangen erfüllen werde, warf einen Apfelkern auf und konnte glauben, die Richtung der Spitze zeige an, welchen Weges sich die oder der Angebetete nähere. Die Töchter der Märchenkönige gestanden den begehrenswerten Prinzen die Zuneigung, indem sie ihnen einen goldenen Apfel oder einen in ihm versteckten Liebesbrief zuwarfen. Im alten Athen teilten und assen die Frischvermählten im Brautgemach einen Apfel.

Wenn der Demeterhymnus von Persephone sagt, sie habe einen Apfelkern gegessen, dann wollte angedeutet sein, dass sie sich Adonis hingab. In unserem Kulturkreis bedeutete die Redensart «sie hat des Apfels Kunde nicht», dass die Frau noch eine Jungfrau war.

Aristophanes warnte die jungen Männer, Dirnen anzugaffen, weil sie diese mit dem Zuwurf eines Apfels in ihre Fänge locken könnten. So mag es denn einleuchten, dass im alten China das Freudenviertel «pinkang» hiess, «Apfelbett».

In Kirgisien legten sich Frauen, die keine Kinder bekommen konnten, sich eine Geburt aber wünschten, unter einen Apfelbaum. In der gleichen Hoffnung wuschen sich orientalische Jüdinnen mit Wasser, dem sie Apfelsaft beimengten.

Auch wenn wir von der griechischen und römischen Geschichte wesentlich mehr wissen als von der nordischen, so bestätigen Felszeichnungen,

Aphrodite, Bronzestatuette, 1. Jh. v. Chr., Höhe 12,4 cm, Metropolitan Museum New York

dass der Apfel auch im Norden als Fruchtbarkeitssymbol bekannt war.

Die «Edda» erzählt, dass die nordischen Gottheiten länger lebten als die Menschen, ohne indessen unsterblich zu sein. Doch die Götter konnten zu einem Heilmittel greifen. Spürten sie die Last des Alters, baten sie Göttin Iduna um einen Apfel, den sie berührten, um sich neu jugendlicher Frische zu erfreuen.

Mit Äpfeln, wie wir aus der Sammlung der germanischen Götter- und Heldenlieder auch erfahren, will Frey, der Fruchtbarkeitsgott, die Liebe der Riesentochter Gerd gewinnen. Er schickt seinen Diener Skirnir vor mit dem Gesang:

> *«Elf Äpfel hab' ich hier,*
> *ganz von Gold,*
> *die werde ich, Gerd, dir geben:*
> *Frieden zu stiften,*
> *damit du den Frey*
> *deinen Liebsten nennest.»*

Die Kelten, die vor bald dreitausend Jahren aus dem Osten in die Geschichte eintraten, Böhmen und Bayern eroberten, Frankreich, Spanien und Grossbritannien, bis nach Kleinasien Fürstentümer errichteten und mit den Anrainern des Mittelmeers einen wirtschaftlichen und kulturellen Austausch pflegten, verehrten im Apfel die immerwährende Jugend und das überlieferte Wissen.

Im keltischen Glauben war der Apfelbaum der Lebensbaum derer, die zwischen dem 25. Juni und 4. Juli oder zwischen dem 23. Dezember und 1. Januar geboren wurden. Ihnen oblag die Vermittlung zwischen Himmel und Erde, Gut und Böse. Sie fassten den Verstand und das Gefühl als Einheit auf und zeichneten sich aus durch fürsorgliche Hilfsbereitschaft.

Eine fremde Göttin gebot Connla, einem Herrscher der irischen Kelten, mit ihr ins Land des ewigen Lebens zu fahren. Er lehnte dieses Ansinnen ab. Die Göttin schenkte ihm zum Abschied einen Apfel, der fortan seine einzige Speise blieb. Denn so oft und so viel er davon auch ass, der Apfel wurde nicht weniger. Er begann, an das Heil der Göttin zu glauben. Bei ihrem zweiten Besuch folgte er ihr übers Meer: nach Avalon, ins Apfelland – und wurde nie wieder gesehen.

Seine Herrlichkeit schilderte dem irischen König Cormac im 3. Jahrhundert v. Chr. ein bewaffneter Mann, jung in den einen Schilderungen, grauhaarig in den andern, gekleidet in ein goldgewirktes Hemd und mit Schuhen aus weisser Bronze, über

Matthaeus Merian
(1593–1650), *Titelblatt für*
das Kompendium der Alchemie
Atalanta Fugiens, 1618,
von Michael Maier,
Zentralbibliothek Zürich

Lucas Cranach d. Ä., (1472–1553), *Cupid complaining to Venus*, um 1530, Öl auf Holz, 81,3 × 54,6 cm, National Gallery London

einer Schulter einen leuchtenden Zweig mit neun rotgoldenen Äpfeln, die zauberhaft klangen und jeden in eine freudige Stimmung versetzten. Nur die pure Wahrheit herrsche in Avalon, das reine Glück, das ewige Leben und der schlaraffische Überfluß.

Es ist das Land, in dem Artus, der sagenhafte, um Frau und Reich betrogene König der keltischen Briten, seit einem halben Jahrtausend Trost und Labung findet, um dereinst wieder aufzubrechen zu jenen Abenteuern, die wir aus der «Tafelrunde» kennen und aus den Versen eines Hartmann von Aue, Gottfried von Strassburg oder Wolfram von Eschenbach, aus dem «Parzival», «Gral» oder «Tristan».

Bestätigt der Apfel in der mythologischen, religiösen, magischen und symbolischen Darstellung wirklich die Widersprüchlichkeit der Interpretationen? Schliesst das Sinnbild des Lebens jenes des Todes aus, das Symbol der lächerlichen Missgunst und jenes der tiefen Erkenntnis?

Der Apfel als Versprechen des menschlichen Glücks ist nur mit unmenschlicher Anstrengung zu erhalten. Er wächst an schwer zugänglichem Ort: auf Inseln des Meeres oder in Oasen der Wüste. Lebensbedrohend wird er geschützt. Das erhöht die Verlockung. Nicht bloss als Nahrung gedeiht er, sondern als kostbarer Schatz in goldener Schale oder gar als pures Gold.

Die Sehnsucht stillt er und die Habgier. Wer ihn findet, setzt fürs ewige Dasein das irdische aufs Spiel. Der Apfel bringt Heil und Unheil. Wann das eine, wann das andere bleibt sein Geheimnis. Jede Stärke und Schwäche der Menschen versinnbildlicht er. Das kann gegensätzlich, widersprüchlich und unvereinbar genug nicht sein. Mit den Apfelgeschichten erzählen wir unsere eigenen.

Wundervoll und ohne Einschränkung erlebenswert scheinen einzig die keltischen zu sein. Avalon ist das verlorene Paradies. Und Avalon ist noch mehr: weder ein Garten der Prüfung noch das Ende Adams und Evas und unser biblischer Anfang, sondern ein himmlischer Aufenthalt ohne tot zu sein. Allen goldenen Äpfeln sind die keltischen vorzuziehen.

Darüber lässt sich nachdenken: über den Sinn der Sehnsucht nach einem Leben ohne Mühsal und Knechtschaft, ohne Fluch und Schweiss, über die Formen des menschlichen Glücks, die Vergeblichkeit, es zu erzwingen, und den Wunsch, es immer wieder zu tun.

Taschenuhr, *Le jugement de Paris*, um 1670, Gehäuse Gold mit Email von Pierre II Huaud d. Ä., Durchmesser 4 cm, Werk von Jean-François Lachis, Musée de l'horlogerie Genf

Arnold Böcklin (1827–1901), *Venus Genitrix*, 1895, Tempera auf Holz, 105 × 150 cm, Kunsthaus Zürich, Vereinigung Zürcher Kunstfreunde

Oder aber wir bleiben – trotz der mythologischen Versuchungen zum Höhenflug – auf dem Boden der historischen Wirklichkeit und schlagen nicht minder anregend einen Bogen von Avalon über die Kelten zu den diesen verwandten Helvetiern, jenem Volk, das vor und nach Christus das schweizerische Mittelland besiedelte. Es war einer der mächtigsten Stämme in Gallien, von Poseidonios «goldreich, aber friedlich» genannt, die Römer besiegend und von diesen 58 v. Chr. in der Schlacht von Bibracte beim heutigen Autun geschlagen. Der Apfel öffnet einen überraschenden Weg von Avalon in die Schweiz.

Eine der prächtigsten Verbindungen besteht zum keltischen Goldschatz von Erstfeld mit seinen Ringen, am Fusse des Gotthards 1962 zufällig gefunden, deren figürliche Verzierungen noch immer interpretatorische Rätsel aufgeben. Wurzeln der keltischen Sprache erkennen wir mit «Dunum», dem befestigten Platz, in Thun, mit «salo» für Salz und «durum» für Festung in Salodurum, dem heutigen Solothurn, mit «vito» für Baumreihe in Vitodurum, ergo Winterthur, oder mit «ollo», dem Ackerboden, in Olten. Im Nidel steckt das keltische «nitlo», in der Gufe, der Stecknadel, das «gufo», in der Bänne, dem Wagen, das «banna».

Zudem können wir die Möglichkeit in Betracht ziehen, dass die Kelten das Rütli rodeten für eine dem Gott Lug geweihte Lichtung, an dessen Festtag ein Feuer entzündet wurde. Das war der 1. August.

Dass die Schweiz östlich von Napf und Reuss keltisch weniger dicht besiedelt war als westlich, mag als geschichtliche Fussnote erscheinen. Sie wäre aber gründlich zu beleuchten, weil sich auf der Berg-Fluss-Linie beispielsweise Erbrechtsregeln scheiden, westlich von ihr französische, östlich deutsche Jasskarten im Spiel sind und sich westlich heidnisches Brauchtum schwächer erhalten hat als östlich.

So fern ist das ferne Avalon nicht. Seine goldenen Äpfel sind in jedem Apfel aufbewahrt.

Paul Klee (1879–1940), *Pomona, überreif*, 1938, Öl auf Papier auf Jute, 68 × 52 cm, Kunstmuseum Bern, Paul-Klee-Stiftung Bern

Jean-Baptiste Dupraz, (1934–1991), *Les Trois Grâces*, 1988, Öl auf Holz, 29 × 37 cm, Privatbesitz

Aus

dem

kaukasischen

Kreis

Durch und durch ist der Apfel erforscht. Es ist klar, aus welchen Nährstoffen er besteht. Unter welchen Bedingungen er am vortrefflichsten gedeiht und zu noch besseren Sorten entwickelt werden kann, hat die Pomologie herausgefunden. Aber woher der Apfel geographisch stammt und wie lange er schon den Menschen als Nahrung dient, gibt noch immer Rätsel auf. Zahlreich sind die freigelegten Spuren. Auf ihnen treten wir die Exkursion an nach Asien und dort in den Kaukasus und nach Almaty, der Hauptstadt Kasachstans. Dreitausend Jahre nimmt uns die Archäologie mit in die Geschichte zurück, fünftausend, siebentausend bis zu den ältesten einigermassen gesicherten Erkenntnissen über die Existenz der Äpfel. Wir können uns vorstellen, verkohlte Kerne in die Hand zu nehmen, die bei Siedlungen ausgegraben wurden. In frühen Dichtungen lesen wir von Äpfeln. Und wir erfahren, dass sie nicht nur den Hunger stillten und Gaumenfreuden schenkten, sondern eine besondere Wertschätzung genossen bis hinein in rechtliche Bestimmungen. Die Kulturgeschichte des Apfels erweitert sich zur Kulturgeschichte überhaupt. An ihren Wendepunkten blühen die Apfelbäume. In ihrem Schatten erleben wir bequem und intensiv Wandel und Handel.

Als Symbol ist der keltische Apfel von lebensbejahender Heiterkeit, frei von jeder Sünde und keine exklusive Frucht für heissspornige Heroen, schlaue Sprinter und gefallsüchtige Göttinnen. Pomologisch indessen – und wäre es noch so beruhigend – hat er ursprünglich mit den Kelten nichts zu tun.

Seit es Menschen gibt, soll es den Apfel geben. Ob von ihm schon der Homo habilis ass, in Ostafrika am Indischen Ozean, als erster fähig, mit Werkzeugen zu hantieren? Dann hätte der Apfel ein Alter von gegen zwei Millionen Jahren. Etwas jünger wäre er, wenn er erst den Homo erectus auf seiner Wanderung von Afrika nach dem Mittleren Osten und China genährt hätte.

Oder handelt es sich bloss um hunderttausend Jahre, weil vor dem modernen Menschen, dem Homo sapiens sapiens, niemand in einen Apfel biss? Das sind Spekulationen, die zum Rätsel und mystischen Reiz des Apfels gehören.

Antworten liefert die Archäologie, wenigstens zum Teil. Denn auch bei einer unserer populären Vorfahrinnen, bei der in Äthiopien ausgegrabenen Lucy, dem vorläufig ältesten Bindeglied in der Evolutionskette vom Affen zum Menschen, war kein Klümpchen und kein Stäubchen als Apfel zu entschlüsseln. Auf den Bescheid der spanischen Wissenschafter mit ihren 780 000 Jahre alten Fossilien unseres neuesten Urahns, Homo antecessor, warten wir noch.

Holzfunde aus prähistorischen Stätten sind gleicherweise unergiebig, weil sich der Apfelbaum vom Birnbaum anatomisch nicht präzis unterscheiden lässt. Aufschlüsse kommen aus der Pollenanalyse und weiterem für die Erhellung der Vorgeschichte lohnendem Material: aus verkohlten und unverkohlten Kernen oder aus ihren Abdrücken auf Keramik, aus verkohlten, halbierten und gedörrten Früchten und aus Resten des Kerngehäuses. Die Archäologen als Detektive im schweigsamen Dunkel der Vorzeit vollbringen wahre Wunder.

Belegte Spuren des Wildapfels stammen aus der Jungsteinzeit, in der Schweiz aus dem 4. Jahrtausend v. Chr., aus Robenhausen am Pfäffikersee beispielsweise, dem bernischen Moosseedorf und dem neuenburgischen Concise-La Lance. Die Funde bestanden aus getrockneten Halbäpfeln, was zeigt, dass den Menschen, die ihre Steingeräte zu schleifen und zu durchbohren wussten, bereits Methoden der Konservierung und damit die winterliche Lagerhaltung geläufig waren. Der wilde, harte und saure Apfel, 25 bis 30 Millimeter gross,

Gustave Courbet (1819–1877),
Stilleven met Appels, 1871–72,
Öl auf Leinwand, 59 × 73 cm,
Mesdag Museum Den Haag

46

Etienne Liotard (1702–1789),
Äpfel in einer Schale, um 1783,
Öl auf Leinwand, 48,5 × 37 cm,
Museum Oskar Reinhart
«Am Stadtgarten» Winterthur

gehörte zusammen mit Weizen, Gerste, Hirse, Erbsen, Bohnen, Linsen und Mohn zu den Nahrungsmitteln, vielleicht schon ergänzt um den kleineren, 15 Millimeter messenden, aber süsseren Paradiesapfel. Solche Funde aus dem Neolithikum sind keine Seltenheit, sondern vermeldet aus Skandinavien bis Italien und Bosnien, von England bis Deutschland, Frankreich und Österreich, aus Europa bis nach Asien, wo der Wildapfel im Laubmischwald verbreitet war.

Doch der Apfel in der Form des Wildapfels geht geschichtlich noch weiter zurück. Die ältesten Datierungen gelangen ins mittelsteinzeitliche 7. Jahrtausend v. Chr. – im jordanischen Jericho, einer der ältesten städtischen Siedlungen der Welt, und in Catal Hüyük, dem Kulturzentrum in Anatolien, wo die Verwüstung eines Weinbergs oder Obstgartens und der Diebstahl von Früchten unter gesetzlicher Strafe stand.

Spätestens hier begann eine Rechtstradition, der wir wieder gewahr werden bei den Iren im 7. und 8. Jahrhundert und in der spätmittelalterlichen Schweiz. Apfelbäume dienten der Grenzmarkierung; unter ihnen wurde Gericht gehalten. Der vom Mann der Frau gereichte und von ihr angenommene Apfel galt als rechtsgültiges Verlöbnis, im Freiamt bis weit ins 19. Jahrhundert hinein. Im Baumgarten eines Dorfes huldigten einerseits die Untertanen ihrer Obrigkeit, anderseits zogen sich die Bauern für konspirative Versammlungen in ihn zurück. Diese Beispiele machen augenfällig, wie alt und wie tief die Ehrfurcht vor dem Apfel ist. Sie begleitet und bestimmt seinen Weg durch die geschichtlichen Zeiten und Räume.

Bei ihrer Weite gilt die Annahme, dass der geographische Ursprung des Apfels weder in Jordanien noch in der Türkei liegt. Er ist auf östlicheren Längengraden und auf nördlicheren Breitengraden zu suchen.

Die Vermutungen reichen einerseits dorthin, wo er heute noch in wilden Apfelwäldern wächst: nach Kaukasien, der Landbrücke zwischen dem Schwarzen und dem Kaspischen Meer, teils Georgien, teils Armenien umfassend. Anderseits gehen die Mutmassungen der Herkunft vom heutigen Iran zum Kopet-Dag-Gebirge im nördlich angrenzenden Turkmenistan und über Kirgistan nach Kasachstan im Norden mit der Hauptstadt Almaty, was übersetzt «Vater des Apfels» bedeutet.

Über die Frucht als solche hinaus ist der Apfel aufschlussreicher Anlass, sich zu vertiefen und angeregt zu verlieren in vergangenen Epochen, und

Seidenband in Chinétechnik,
Basel, Trüdinger & Co,
Historisches Museum Basel

ein lohnender Versuch, einen Spannungsbogen zu schlagen von der Gegenwart in die Vergangenheit und wieder zurück. Ein Stück Menschheitsgeschichte wird erhellt.

Auf dem Weg von Zentralasien in die Ägäis und von dort nach Ägypten wurden Kupfer gehandelt, Zinn, Bauholz, Korn, Textilien, Perlen, Lapislazuli, Feuerkiesel und Früchte, unter ihnen wohl auch Äpfel. Am Ende dieser Kaufmannsstrasse steht die Hypothese, der Apfel habe auch zwischen Tigris, Euphrat und Nil eine gedeihliche Region gefunden, dort, wo möglicherweise vor zehntausend Jahren der Mensch zum Bauern geworden ist. Die Erfindung von Wasserkanälen und Bewässerungssystemen 5000 v. Chr. erlaubten es ihm, die Höhen zu verlassen und in den Ebenen der erwähnten drei Flüsse und des Gelben Flusses sesshaft zu werden.

Einer sumerischen Königin wurden 2500 v. Chr. elf an einer Schnur aufgezwirnte Apfelringe ins Grab gelegt aus Früchten, die wahrscheinlich aus einer nördlicheren, kühleren Gegend stammten. Und aus einem in Ur gefundenen Text geht wiederum hervor, dass die Sumerer Feigen und Äpfel kultivierten.

Widersprüche da, unverbürgbare Theorien dort: der Apfel bewahrt in seinem tiefsten Kern ein Mirakel. Im Nildelta soll Ramses II. im 13. Jahrhundert v. Chr. die Pflanzung von Äpfeln angeordnet haben, so wertvoll, um sie Priestern als Gabe zu überbringen – doch die heutige Erkenntnis rät zur Skepsis.

Als jedoch gesichert erscheint, dass 2000 v. Chr. der Apfel im östlichen Mittelmeerraum heimisch wurde und von dort aus in allen mediterranen Ländern. Nachgewiesen ist, dass ein Assyrer in Nusi 1500 v. Chr. einen Obstgarten zum damals hohen Preis von drei Schafen verkaufen konnte.

Zur Zeit der ältesten, 6500 v. Chr. entdeckten Apfelspur schritt während eines Klimaoptimums die Rückgewinnung des nördlichen Europas und Asiens durch Jäger- und Sammlerkulturen voran. Im Vorderen Orient und in Ägypten lebten bereits Ackerbauer und Viehzüchter. Die bäuerliche Wirtschaft löste auch in den Nordgebieten die Jäger und Sammler wieder ab. Städtische Kulturen entwickelten sich. Um 3000 v. Chr. wurden nach der sumerischen Schrift die Hieroglyphen erfunden, fünfhundert Jahre später die Pyramiden des Cheops und Chefren gebaut; ein weiteres halbes Jahrtausend dauerte es bis zur Blüte der Minoischen Kultur. Die indo-europäische Völkerbewegung begann.

Paul Cézanne (1819–1906),
Apfelstilleben, 1879–1882,
Öl auf Leinwand, 19 × 23,8 cm,
Stiftung «Langmatt» Sidney
und Jenny Brown Baden

Paul Cézanne (1819–1906),
Äpfel auf Teller, 1885–1886,
Öl auf Leinwand, 22 × 26 cm,
Stiftung «Langmatt» Sidney
und Jenny Brown Baden

Das ist die sehr flüchtige Skizze eines Wandels. Sie will wenigstens aufs knappste illustrieren, dass die Geschichte des Apfels nur sinnvoll vorstellbar wird als Teil einer umfassenden Geschichte. Sie erst hat die Voraussetzungen geschaffen für die Kultivierung der von Natur aus wildwachsenden Frucht. Sesshaftigkeit war eine der wesentlichen Bedingungen. Wir werden sehen, dass es nochmals einer indirekten, geistigen Entwicklung bedurfte, den Apfel zu kultivieren und diese Fertigkeit zu verbreiten. Von der Pflanzung eines Baums bis zur ersten Ernte dauert es Jahre. Der Apfel erheischt Geduld und Sorgfalt.

Der Weg vom kleinen, sauer-bitter schmeckenden, in Grossbritannien und Kontinentaleuropa, auf dem Balkan und in der nördlichen Türkei wachsenden Wild-, Holz- und Mostapfel, dem Malus sylvestris, bis zu den süssen, saftigen Tafeläpfeln als farbenleuchtender Augenweide war ein genetisch langer, oft zufälliger und verschlungener. Mit dem Malus orientalis aus dem Kaukasus, dem Malus sieversii vom Kaspischen Meer, dem sibirischen Malus baccata und dem grösseren Malus prunifolia aus China fing er an und wurde immer edler durch Pfropfen und Okulieren.

Ob die Kultivierung des Obstbaus und mit ihm des Apfels im Mittelmeerraum vor dem 1. Jahrtausend v. Chr. einen ersten Höhepunkt schuf, bleibt eine offene Frage. Sichere Zeugnisse für diese Zeit finden sich in Griechenland, eines der legendären in Homers «Odyssee», wo im 24. Gesang Odysseus mit seinem alten Vater Laertes Rückblick hält:

> *«Denn ich begleitete dich als Knab' im Garten; wir gingen*
> *Unter den Bäumen umher, und du nanntest und zeigtest mir jeden.*
> *Dreizehn Bäume mit Birnen und zehn voll rötlicher Äpfel*
> *Schenktest du mir und vierzig Feigenbäume und nanntest*
> *Fünfzig Rebengelände mit lauter fruchtbaren Stöcken,*
> *Die du mir schenken wolltest: sie hangen voll mancherlei Trauben,*
> *Wenn sie der Segen Gottes mit mildem Gewitter erfreut.»*

Wir bleiben geographisch in der weiteren griechischen Welt, aber lassen uns literarisch animieren zu einem Zeitsprung von zweitausend Jahren, um auf Apfelspuren im Byzantinischen Reich anzukommen und dort beim Epos des Helden «Digenes Akritas». Zu seiner Leier singt er:

> *«Wie konntest du, All-liebliche,*
> *Vergessen unsre junge Liebe,*
> *Dich süssem Schlummer überlassen,*
> *Leichthin und ohne Sorge?*
> *Steh auf, anmutige Rose,*

Wandmalerei aus dem Haus der Julia Felix, Pompeji, *Stilleben mit Äpfeln, Granatäpfeln und Trauben*, 88 × 223 cm, Museo Archeologico Nazionale Neapel

> *Du Apfel voller Wohlgeruch,*
> *Erschienen ist der Morgenstern;*
> *So komm und lass uns ziehen!»*

Und später darf Digenes Akritas die Erwiderung eines Mädchens hören:

> *«Dem Liebesgott sei Dank gesagt,*
> *Der mir den süssen Herrn geschenkt!*
> *Mit Freuden bin ich Königin*
> *Und muss niemanden fürchten.*
> *Erblühte Lilie ist er mir,*
> *Ein Apfel voller Wohlgeruch;*
> *Der düfteschweren Rose gleich*
> *Bezaubert er mein Herze.»*

Bei den Persern verwandelte sich die Kultivierung des Apfels im 5. Jahrhundert v. Chr. in eine höfische und kulinarische Früchtekultur. Der frische wie der gedörrte Apfel avancierten zur Dessertspeise und spornten ihre Produzenten und die Köche – und eigentlich mehr die Confiseure – zum Erfindungsreichtum für die Qualitätsverbesserung an.

Das beeindruckte sogar Alexander den Grossen, der 331 v. Chr. nach der Rückeroberung Persiens dessen Raffinesse in der Obstkultur als vorbildlich für Griechenland stipulierte.

Was der Grieche Hesiod zwar nicht erfand, aber im 8. Jahrhundert v. Chr. schriftlich festhielt, die Veredelungskunst durch Pfropfen, veredelten ihrerseits die Römer. Es inspirierte den in Rom lebenden Ovid zu einer Hymne auf Göttin Pomona, die weder die Wälder noch die Flüsse liebe, sondern im Grunde ihres Herzens die mit herrlichen Früchten schwer beladenen Bäume, weshalb es ihre wahrhaft göttliche Lust sei, sich in der Meisterschaft des Veredelns zu üben.

Je näher die Vergangenheit zu unseren Tagen rückt, desto genauer, zuverlässiger und detaillierter scheint unser historisches Wissen über den Apfel zu werden. Es täuscht; es täuscht wenigstens ein bisschen und doch irritierend genug. Wer sich mit den Anfängen des Obstbaus befasst, beruft sich auf Plinius, den 23 oder 24 n. Chr. in Como geborenen und 79 beim Ausbruch des Vesuvs gestorbenen Schriftsteller und Flottenkommandanten, der sich in seiner umfassenden «Naturalis historia» ebenfalls mit dem Apfel beschäftigt.

Zwanzig verschiedene Sorten soll Plinius zu seiner römischen Zeit gekannt und benannt haben: von der Apfelbirne über Kastraten- und Lungenäpfeln bis zu den Zitronatzitronen. Oder waren es dreissig, bloss zwei Dutzend, mehr als zwanzig, fast dreissig Sorten? Die Angaben schwanken von Quelle zu Quelle. Es scheint sich an dieser Kleinigkeit zu zeigen, dass die Geschichte des Apfels zwar allmählich manche Vermutung als Tatsache freigibt, aber es gerne beim einen und anderen Zweifel belässt, der in uns nagen und wohl das Bewusstsein bewahren soll für die Rätselhaftigkeit der Frucht.

Zur Klärung sei so viel versucht, dass Plinius Secundus der Ältere in seiner «Naturkunde» von «Malorum genera XXX» schreibt, von «30 Arten Äpfel». Doch darunter verstand der Autor auch «mala appellamus, quamquam diversi generis, Persica et granata», «trotz ihres Gattungsunterschieds, die Pfirsiche und Granatäpfel». Wenn wir also nach heutigem Wissensstand nachzählen, dann erkennen wir nicht alles als «Apfel», was Plinius noch einer war. Und weil sich die Einsichten im Laufe der Zeit änderten, änderten sich mit ihnen die Ergebnisse des prüfenden Rechnens. Ob es denn zwei Dutzend waren, mehr als zwanzig oder annähernd dreissig Sorten, ist relativ immer richtig.

Mit der imperialistischen Ausdehnung des Römischen Reiches ins westliche und nördliche Europa, nach Spanien und Portugal, nach Frankreich, Belgien und England und über die Schweiz nach Deutschland bis zum Ende des 5. Jahrhunderts, verbreitete sich ihr kultivierter Apfel. Wo die Heere hinkamen, pflanzten und hegten sie ihn. Mit dem Untergang Roms traten in den kolonisierten Gebieten, aber auch in Italien, die Klöster ihre pomologische Nachfolge an.

Ein verdienter erster Förderer des Obst- und Landbaus war Benedikt von Nursia, der 529 den Benediktinerorden gründete und Obst als Nachtisch empfahl. Auch die Zisterzienser ragen heraus, weil sie die Sortenvielfalt vermehrten und in ihren bis Ende des 13. Jahrhunderts gegründeten 700 Abteien die Anbautechnik kenntnisreich entwickelten. Zum Weitblick bis zur Vorstellung eines modernen Staates, wie ihn Karl der Grosse besass, Frankenkönig von 768 bis 814 und seit 800 römischer Kaiser, gehörte seine Landgüterordnung von 812, das «Capitulare de villis imperialibus». Es enthält bis ins Detail den Auftrag, Obstgärten für Äpfel, Birnen, Pfirsiche und Kirschen anzulegen, und bestimmt die Sorten:

> *«Malorum nomina: gozmaringa, geroldinga, crevedella, spirauca, dulcia, acriores, omnia servatoria; et subito comessura: primitiva.»*

Strassburger Fayence,
Ovale Schale mit fünf Äpfeln,
um 1770, Höhe 14,3 cm,
Schweizerisches Landes-
museum Zürich, Zunfthaus
zur Meisen

Dort, wo Europäer in Übersee siedelten, brachten sie den Apfel mit: nach Kanada, Chile, Australien, Neuseeland und Südafrika, Kolumbus als erster 1492 nach den heutigen USA. Über 40 Millionen Tonnen Äpfel werden jährlich produziert, mehr als ein Viertel in Europa, annähernd so viel in Asien und je etwa fünfzehn Prozent in Russland und auf dem amerikanischen Kontinent. Mit der Grössenordnung von 250 000 Tonnen zählt die Schweiz in Europa zu den mittleren bis kleineren Produktionsländern.

Bestand seit den ersten, jungsteinzeitlichen Apfelvorkommen in der Schweiz, die bis ins 4. Jahrtausend v. Chr. zurückreichen, über alle Zeiten hinweg eine Kontinuität? Hinsichtlich des Vorkommens sicher, in der Kultivierung sicher nicht. Diese wird allmählich eingesetzt haben mit der römischen Eroberung der südlichen Alpentäler und Rätiens in der zweiten Hälfte des 1. Jahrhunderts v. Chr., mit der Errichtung des Legionslagers im aargauischen Vindonissa im Jahre 17 n. Chr. und der römischen Kolonisierung des waadtländischen Aventicum im Jahre 73.

Die römische Herrschaft über Helvetien endete 401, mitten in einer Phase des wirtschaftlichen Niedergangs, der im 3. Jahrhundert begann und bis ins 7. dauerte.

Auf unserem Boden entstehen die ersten Klöster. Mit dem auslaufenden 8. Jahrhundert setzt die karolingische Renaissance ein, die zur Wiederaufnahme von Produktion und Handel führt und zu deren Entwicklung bis zum verlangsamten Wachstum am Ende des 13. Jahrhunderts.

Nach Schätzungen haben zur Jahrtausendwende weniger als eine halbe Million Menschen innerhalb der Grenzen der heutigen Schweiz gewohnt. Wir müssen uns auch vergegenwärtigen, dass in diesem dünn besiedelten Land die Wirtschaft bis ins 8. Jahrhundert eher primitiv als einfach organisiert war. Die Familien produzierten für ihren eigenen Bedarf und nichts darüber hinaus. Die Dreifelderwirtschaft mit ihrem den Boden erneuernden Fruchtwechsel war unbekannt. Dies zwang zur Nomadisierung.

Sichere Kunde vom Apfel gewinnen wir wieder mit dem einzigartigerweise erhaltenen Bauplan des Klosters St. Gallen kurz vor 830. Wurde er während der Aachener Reformsynode entworfen und auf der Insel Reichenau kopiert? Es ist unerheblich für die Feststellung, dass im Klostergarten, der zugleich Friedhof war, neben anderen Obstbäumen Apfelbäume wuchsen: zwischen dem

Max Buri (1868–1915),
Stilleben mit Äpfeln, um 1914,
Öl auf Leinwand, 34,5 × 48,5 cm,
Fondation Saner Studen

Noviziat und dem Gemüsegarten, sichtbar von der Gärtnerwohnung aus.

Wenn es auch für die Schweiz zutrifft, dass der Obstbau mit der Christianisierung das Werk von Klöstern wurde, dann hat St. Gallen eine wichtige Rolle wahrgenommen.

Dafür sprechen paradoxerweise die eher kleinen Gartenausmasse, die für die Selbstversorgung der 350 Klosterbewohner nicht gereicht hätten. Daraus folgt, dass in erster Linie Versuchspflanzungen angelegt wurden, um die importierten Sorten dem veränderten Klima anzupassen, sie zu veredeln und die guten Ergebnisse in auswärtigen, grösseren Obstgärten zu kultivieren. Beim Kloster sollen helle Äpfel mit zarter Schale gewachsen sein, so gross, dass die Schüler mit beiden Händen nach ihnen griffen.

Hundert Jahre früher hätte das der Sage nach den heiligen Magnus als Gefährten des heiligen Gallus davor bewahrt, in den bedrohlichen Wäldern nach wildwachsenden Äpfeln zu suchen. Er war glaubensstark – und vielleicht auch hungrig – genug, einem Bären entgegenzutreten und ihn mit dem Kreuzzeichen im Namen des Herrn anzuflehen, eine Weile von den Früchten zu lassen. Das wirkte. Sankt Magnus, einige Jahre zum Kloster St. Gallen gehörig und später als der Heilige von Füssen verehrt, konnte ungestört pflücken, was sein Herz begehrte.

Wir wollen darum die Klöster und die Schöpfer der karolingischen Landgüterordnung als für den Apfel fundamental wichtige Initianten begreifen, doch nicht allein im engeren anbautechnischen und wirtschaftlichen Sinne, sondern zusätzlich im weiteren Sinne einer geistigen Leistung für den zivilisatorischen Fortschritt.

Miniatur aus der Mitte des 15. Jh., *Magnus, Gefährte von Gallus, Äpfel sammelnd*, Stiftsbibliothek St. Gallen

Franz Hegi (1774–1850),
König Konrad und die
Sankt Galler Klosterschüler,
1809–1813, Kupferstich,
15,5 × 13,4 cm, Privatbesitz

Diese

Süsse,

die

sich

erst

verdichtet

Der Apfel inspiriert. Die Maler beflügelt er, sie vor allem, die Bildhauer, Videokünstler, Photographen, Grafiker und die Dichter. Von den Komponisten hat sich keiner mit dem Apfel einen festen Platz in den Konzertsälen und im CD-Angebot erobert. Orangen, Forellen und Nussknacker gelangten zu höheren Ehren. Bildende und audiovisuelle Künstler würdigen durchs Band und durch diesen Band den Apfel kreativ. Sie verleihen ihm Farbe und Form und überbieten unser gewöhnliches Vorstellungsvermögen mit schwelgerischer Pracht und strenger Abstraktion, mit täuschenden Effekten und naturgetreuer Präzision. In diesem Kapitel schliessen sich die Dichter vom Parnass herunter an: mit einem einzigen Apfelwort, das auch der Zufall eingegeben haben könnte, bis zum dezidierten und berühmten Apfelgedicht mit der «Süsse, die sich erst verdichtet». Mit dem Schreiben, mit dem Lesen, mit der Rezitation?

Gemeindewappen von
Affeltrangen/TG

Gemeindewappen von
Amriswil/TG

Nicht Avalon, auch nicht Almaty, sondern zunächst ganz gewöhnlich und in nächster Nähe: Affoltern.

Die Insel- und die Ortsbezeichnungen enthalten sprachlich den «Apfel». Er steckt in den Namen von achtzehn schweizerischen Dörfern, Weilern, Fluren und Seen, je einmal in den Kantonen Aargau, Luzern und St. Gallen, zweimal im Kanton Basel-Land, dreimal in den Kantonen Bern, Solothurn und Thurgau und schliesslich viermal im Kanton Zürich.

Mit Affeltrangen ist eine thurgauische Gemeinde benannt, mit Affoltern im Emmental und Affoltern am Albis eine bernische und eine zürcherische, zwei bernische Gemeinden wiederum mit Grossaffoltern und Moosaffoltern, mit Affoltern ein Quartier in der Stadt Zürich, eines mit Apfhalter im basellandschaftlichen Muttenz und mit Affholteren ehemals eines in der aargauischen Gemeinde Rüfenacht. Raffoltern ist ein luzernischer Weiler bei Schüpfheim und Zapfholdern ein basellandschaftlicher bei Reigoldswil. Raffholdern heisst ein Bauernhof im sanktgallischen Kaltbrunn. Der Raffoltersee liegt bei Oberstammheim im Kanton Zürich, der Apfelsee bei Dornach im Kanton Solothurn, das Waldstück Affoltertobel beim thurgauischen Thundorf, der Affolterwald beim solothurnischen Luterbach und die Waldlichtung Apfolder bei Dornach. Sie ist sprachlich die apfelreichste Gemeinde, Zürich der Kanton mit den meisten Ortsäpfeln. Dass Affolter der Familienname derer ist, die aus einem der Affoltern stammen, braucht keine weitere Entschlüsselung.

Zürich-Affoltern, eine selbständige Gemeinde bis 1933, erwähnt eine Urkunde erstmals im Jahre 870 mit «affoltre». Affoltern am Albis hiess 1190 «affiltre». Grossaffoltern taucht in einem Schriftstück 1216 als «affoltron» auf, Moosaffoltern 1262 als «affoltre» und Affoltern im Emmental ebenfalls im 13. Jahrhundert wieder als «affoltron». Die Gemeindewappen zeigen grüne Apfelbäume oder Zweige mit roten Früchten.

Sie haben auch Hauseigentümer namensgebend beeinflusst: in Zurzach mit dem «Apfelbaum», in Schaffhausen und St. Gallen mit der Anschrift «Zum goldenen Apfel», zweimal sogar in Zürich, wo bis 1910 der «Apfel und Eichbaum» sowie der «Apfeltanz» standen und noch heute das «Apfelbäumli» steht.

1964 stellte der Zürcher Stadtrat das Haus «Zum Judenhut» am Rindermarkt, besser bekannt als

Unbekannter Gestalter,
Plakat, 1938, Farblitho,
127 × 90 cm, Museum für
Gestaltung Zürich

64

René Magritte (1898–1967),
La chambre d'écoute, 1958 (?),
Öl auf Leinwand, 38 × 46 cm,
Kunsthaus Zürich,
Schenkung Walter Haefner

«Öpfelchammer», unter Denkmalschutz. Die Geschichte lässt sich zurückverfolgen bis ins Jahr 1357. Vermutet wird, dass das Vorhandensein einer Dörrkammer zur Bezeichnung der Liegenschaft führte. Sie ist die älteste, unverändert gebliebene Wirtsstube Zürichs, an deren Florieren Gottfried Keller keinen geringen Anteil hatte.

Dazu passen in Zürich das Restaurant «Blauer Apfel», in Aarau der «Goldige Apfel», in Pruntrut die «Pomme d'Or» und in Dornach der «Öpfelsee».

Strassennamen wie «Apfelbergtreppe» und «Apfelbergweg» in St. Gallen, «Apfelweg» in Winterthur und «Apfelbaumstrasse» in Zürich runden das Bild der reichen – und gelegentlich sehr profanen – Bezüge zur Paradiesfrucht ab.

Neuenburgs «Rue du Pommier» wäre beinahe in die grosse Geschichte eingegangen. Im Haus Nummer 7 trafen sich ab Januar 1917 Abgesandte Kaiser Karl I. mit den Prinzen Sixtus und Xaver von Bourbon-Parma, um geheim über einen Separatfrieden zwischen Österreich und Frankreich zu verhandeln. Dessen Ministerpräsident war es dann, der den sich abzeichnenden «Vertrag von Neuenburg» vereitelte.

Es geht – wie wir hier wieder mit Vergnügen feststellen – einfach nicht anders, als einen Apfel in die Hand zu nehmen, um gleich auch einen kleinen Weltschnitz zu halten und vom Hundertsten der Mythologie ins Tausendste der Historie zu geraten. Doch das Sprachliche wollte hier erörtert sein – und sei es wieder:

Apfelbaum und Apfel treten in den Sprachen der Germanen, Kelten, Balten und Slawen mit Gemeinsamkeiten auf, auch wenn die Stammbildungen voneinander abweichen. Der Apfelbaum ist altnordisch der «apaldr», mittelhochdeutsch der «apfalter» und «affalter», altpreussisch der «wobalne» und altslawisch der «jablaňĭ» und «ablaňĭ».

Seine Frucht heisst im Altkeltischen «aball», im Angelsächsischen «äppel», im Altnordischen «epli» und im Althochdeutschen «aphul». Litauisch ist der Apfel der «obŭlas», altpreussisch der «wobla», altslawisch der «jablŭko» und «ablĭko», altirisch der «ubull». Den Begriff erkennen wir mühelos im englischen «apple» im dänischen «aeble» und im schwedischen «äpple».

Oder ist anzunehmen, dass die italienische Stadt Abella wegen ihrer von Vergil bereits im ersten Jahrhundert v. Chr. gerühmten Apfelzucht Namensgeberin gewesen ist? Die Frage ist nicht bereinigt.

Noël Devaud (1934),
Pomme, 1985, Marmor,
Durchmesser 80 cm,
Alimentarium Vevey

Sie steht mit der anderen weiterhin in der Diskussion, ob der «Apfel» überhaupt aus dem Indogermanischen stammt oder vielleicht aus dem Finnisch-ugrischen, zurückreichend ins Iranische und von dort in die Sprachen des Hindukusch und Tadschikistans.

Und auch so könnte es gewesen sein: dass das nördliche Europa seine eigenen, indogermanischen Bezeichnungen beibehielt, weil es den Apfel längst kannte und deshalb von den kolonialisierenden Römern zwar die Veredelungstechnik übernahm, nicht jedoch den Begriff «malum».

Das Sprachgeschichtliche ist das eine, der sprachliche Umgang mit dem Apfel das andere. Der Gärtner aus Goethes (1748 bis 1832) «Faust» äussert sich allerdings einschränkend:

*«Über Rosen lässt sich dichten.
In die Äpfel muss man beissen.»*

Aber nicht unbedingt, nicht nur: nach einer Redensart können wir uns auch

«einen hinter den Apfel jubeln»,

womit der Adamsapfel gemeint ist und bildlich gesprochen der Alkoholgenuss: alleine, in anständiger Gesellschaft oder – anspielend aufs Paradies – mit einem

«Apfelsalat»,

einer verführerischen weiblichen Person, deren rosige Wangen, die

«Apfelbäckchen»,

gefallen, vielleicht auch deren

«Apfelbusen»,

die üppige Weite, oder umgekehrt deren

«Äpfelchen»,

die mädchenhaften Brüste in der

«Apfeltasche»,

dem Bikinioberteil samt

«Apfelpopo»,

den runden Gesässhälften. Das alles ist keine Versuchung für den, der

«keine Äpfel essen mag»,

direkter gesagt: dem für Erotik die Empfindung fehlt, weil er ein

Franziska Hochuli (1966), Plakat, 1995, Offset, 128 × 90,5 cm, Museum für Gestaltung Zürich

Cuno Amiet (1868–1961), Plakat, 1902,
Farblitho, 101 × 79 cm, Museum für Gestaltung Zürich

Otto Glaser (1915–1991), Plakat, 1932,
Farblitho, 127 × 90 cm, Museum für Gestaltung Zürich

Aurel Peyer (1969), Plakat, Förderpreis APG 1996, Farboffset,
170 × 117,5 cm, Allgemeine Plakatgesellschaft APG Bern

Celestino Piatti (1922), Plakat, 1964,
Farboffset, 128 × 90,5 cm, Museum für Gestaltung Zürich

«harter» oder «saurer Apfel»

ist, ein begriffsstutziger oder griesgrämiger Kerl, der am liebsten alles

«für einen Apfel und ein Ei»

haben möchte, nämlich umsonst, und jedes Nichtstun verabscheut, folglich keinen

«Apfel braten«

kann und es vorzieht, mit anderen

«einen Apfel zu schälen»,

ihnen die Meinung zu sagen, obgleich am Ende

«soviel Äpfel bleiben als Birnen»,

sich mithin nichts ändert. Das schafft nach der Volksweisheit

«Ein fauler Apfel»,

denn er

«steckt hundert gesunde an» –

nach dem Sprichwort immer und jeden:

«Auch die roten Äpfel faulen.»

Heute reden wir offen. Die Apfelsprache ist veraltet. Wir nennen die Dinge beim Namen. Zeitungen und Zeitschriften, Film und Fernsehen zeigen unverschämt Busen und Popos und nicht verschämt Äpfel. Nackt ist nackt, ein Apfel ein Apfel. Im Zeitalter des Monokinis brauchen wir fürs Bikini ohnehin keine Umschreibung mehr. Den Apfel haben wir vollends auf den Weg zum Nahrungsmittel gebracht. Da steckt der Wurm drin. Um des Apfels vergessene Ästhetik und Erotik ist es schade. Die Reklame entdeckt sie wieder:

«Schlanksein beginnt mit einem Apfel.»

Die Werbung beherrscht ja die Kunst, Wünsche zu wecken.

Ob das Prosa und Lyrik auch vollbringen?

Beim Eindringen vom mythologischen Weltall in die schweizerische Literaturszene verliert der Apfel seinen sagenhaften Glanz.

Nun: von Goethe, dem Liebhaber der Goldparmäne, und seinem Eckermann ist uns vermittelt worden, dass Schiller in seiner Schreibtischschublade stets faulende Äpfel aufbewahrte, weil ihn deren aromatischer Duft inspirierte. Von ähnlichen Gepflogenheiten hierzulande wissen wir nichts.

Im «Uli der Knecht», den Jeremias Gotthelf (1797 bis 1854) knapp 50jährig schrieb, wird die Götterspeise der griechischen Helden zur Tafelfreude der emmentalischen Bauern, die am Ende eines

Cuno Amiet (1868–1961),
Apfelernte, 1907, Öl auf
Leinwand, 100 × 100,5 cm,
Kunstmuseum Solothurn

mühseligen und schweisstreibenden Sommers die Ernte ihrer Arbeit mit einem Dankfest krönen und auffahren lassen, was das Herz begehrt:

*«Da war Fleischsuppe mit Safran in mehreren Schüsseln
auf dem Tische, in welche das Brot so dick eingeschnitten
war, dass man auf einer Schüssel hätte knien können.
Dann kam Rindfleisch, grünes und dürres, Speck, süsse
Apfelschnitze, Kuchen von drei Arten, alles hoch auf-
getürmt, und einige Flaschen mit Wein.»*

Das müsste so nicht sein. Im «Mailied» von Johann Gaudenz von Salis-Seewis (1762 bis 1834), Lyriker auf Schloss Bothmar bei Malans und 1799 Generalstabschef der Schweizer Milizen, beginnt mit dem Apfel auch das Blühen der Natur:

*«Der Apfelbaum prangt grün und weiss,
Auf zartbegraster Weide;
Der Wonneruf des schönen Mais
Weckt uns zu sanfter Freude.
Doch wird des Frühlings Wiederkehr
Uns alle hier vereinen?»*

Aus der Frage am Anfang des Gedichts wird die Bangigkeit und dann schliesslich unter «traurigem Geläute» die Gewissheit der nahenden Stunde «zum bessern Leben».

Irdische Gefühle sprechen aus der letzten Strophe von Theodor Fontanes (1819 bis 1898) Gedicht «Frühling»:

*«O schüttle ab den schweren Traum
Und die lange Winterruh,
Es wagt es der alte Apfelbaum,
Herze, wag's auch Du.»*

Rudolf Alexander Schröder (1878 bis 1962) setzt mit der «September-Ode» und den hier wiedergegebenen Schlusszeilen den Jahreslauf fort:

*«September war's und heitere Nacht und warm,
Warm wie die Nacht hier droben und hell, wie hier
Der volle Mond durch Apfelbäume
Blickt und am Grunde die Schatten sprenkelt.»*

Als Reichtum des sich neigenden Jahres erweist Conrad Ferdinand Meyer (1825 bis 1898) dem Apfel im Gedicht «Fülle» ausrufend die Ehre:

*«Genug ist nicht genug! Gepriesen werde
Der Herbst! Kein Ast, der seiner Frucht entbehrte!
Tief beugt sich mancher allzu reich beschwerte,
Der Apfel fällt mit dumpfem Laut zu Erde.»*

Er fällt – heftig sogar – auch bei Max Frisch (1911 bis 1991) in den «Trauben von Abschied» aus «Die Schwierigen oder J'adore ce qui me brûle»:

> «*In den Wiesen stehen die Stelzen und Leitern hinauf ins Gebäum, und die Jahreszeit streicht wie eine unsichtbare Gebärde über die Hänge. Äpfel plumpsen, Wespen summen um die Süsse der Vergärung.*»

Und er fällt, als wäre es sein lyrisches Schicksal, bei Rainer Brambach (1917 bis 1983) im Gedicht «Unter Apfelbäumen», mit den Zeilen beginnend

> «*Die Nesseln überwuchsen unsere Zäune
> Die Linden dufteten wie immer
> Jetzt reifen Äpfel ihrem Fall entgegen*»,

endend mit der Frage und Vermutung:

> «*Woran erinnern uns die Äpfel?
> Und auch der Steinbruch wird sich lösen.*»

Träumend und beinahe melancholisch ist das Sinnieren Robert Walsers (1878 bis 1956) in der Erzählung «Der Herbst»:

> «*Noten sind eine dumme Einrichtung. Im Singen habe ich die Note eins und ich singe doch keinen Ton. Wie kommt das? Man sollte uns lieber Äpfel geben, statt Noten. Aber da würden schliesslich doch zu viel Äpfel verteilt werden müssen. Ach!*»

Den Apfel als Lösung – doch helvetisch moralisierend – braucht auch Ellenberger im Roman «Schlumpf Erwin Mord. Wachtmeister Studer» von Friedrich Glauser (1896 bis 1938):

> «*'Wachtmeister', sagte Ellenberger, und er machte ein sehr ernstes Gesicht: 'Es gibt Äpfel und Äpfel. Solche, die könnt Ihr vom Baum essen, sie sind reif, und andere, die müsst Ihr einkellern, die werden erst im Horner gut, oder im Märzen … Abwarten, Wachtmeister, bis der Apfel reif wird. Verstanden?'*»

Diese Lebensphilosophie im Apfel mag, wie bei Walser, anknüpfen beim bereits zitierten «Uli der Pächter», wo Gotthelf bildhaft feststellt, dass sich ein Korb nicht mit Äpfeln überladen lasse, weil sie herabrollen und lebenslang zwingen, sie aufzulesen, draufzutun und wieder aufzulesen

> «*Das wäre was für Pädagogen, wenn die noch was lernen könnten, aber eben sie haben mit dem Auflesen mehr als genug zu tun.*»

Und auch, wie in Gotthelfs «Bauernspiegel» nachzulesen ist, mit dem Prügeln ihrer Schüler. Diese schützten sich dagegen, indem sie auf die schulmeisterliche Rutenspitze hinterrücks einen Apfel steckten. Merkte es der Lehrer, drohte er mit Vergeltung.

Pablo Picasso (1881–1973),
Das offene Fenster, 1929,
Öl auf Leinwand, 130 × 162 cm,
Privatbesitz

«Über diesen Zorn lachte man, und der Täter auf eine Weise, dass er kenntlich wurde.»

Vom Streich zum Witz schreibt Beatrice Eichmann-Leutenegger (1945) in ihren Erzählungen «Verabredung mit Männern». Adam und Eva, spöttelt ein Ungar, seien Russen gewesen:

«Sie waren arm, gingen barfuss und nackt, mussten Äpfel stehlen, um den Hunger zu stillen, behaupteten jedoch steif und fest, sie lebten im Paradies.»

Den Garten Eden in seiner Erotik nimmt Gottfried Keller (1819 bis 1890) auf mit dem «Grünen Heinrich», den Judith in einem Baumgarten verlockt mit dem vielsagenden Zuruf:

«Komm, ich habe schöne Äpfel!»

Heinrich gesteht:

«Als wir drei Früchte so gegessen, war mein Mund so süss erfrischt, dass ich mich zwingen musste, Judith nicht zu küssen und die Süsse von ihrem Mund noch dazu zu nehmen.»

Wie heisst es doch in Goethes «Faust»?

«Einst hatt' ich einen schönen Traum;
Da sah ich einen Apfelbaum,
Zwei schöne Äpfel glänzten dran,
Sie reizten mich, ich stieg hinan.»

Worauf die Schöne Faust antwortet:

«Der Äpfelchen begehrt ihr sehr
Und schon vom Paradiese her.
Von Freuden fühl' ich mich bewegt,
Dass auch mein Garten solche trägt.»

Erotik symbolisiert der Apfel auch im Lustspiel «Die Launen des Glücks» von Hugo Loetscher (1929), das am 29. Mai 1997 im Zürcher Schauspielhaus uraufgeführt wurde. Emilie reicht Adolf aus einem Korb einen Apfel mit der Bemerkung:

«Rosenäpfel. Merkwürdig, dass man bei ihnen von Backen redet, als sei das was zum Streicheln.»

Adolf will ihn aufbewahren und reibt ihn am Ärmel:

«Der ist vor Verlegenheit rot geworden.»

Adolf erhält von Emilie einen zweiten Apfel, den er essen soll, worauf der Beschenkte anbändelnd antwortet:

«Soweit hinauf habe ich es noch nie gewagt. Ihnen bis vor die Türe zu folgen. Ich könnt' den Korb noch viele Stockwerke hinauftragen.»

René Auberjonois (1872–1957), *Mädchen im roten Zimmer*, 1948, Öl auf Leinwand, 54 × 65 cm, Museum zu Allerheiligen Schaffhausen, Schaffhauser Kunstfreunde

Poetisch heisst es bei Erika Burkart (1922) im Roman «Moräne»:

> «*Früh war der Vollmond aufgegangen, eine durchsichtige Ampel, die sich im Steigen mit Öl füllte.*
> *Der Weg zwischen den Apfelbäumen erinnerte an eine chinesische Schriftrolle.*»

Scheinbar sachlich reportierend und doch mit assoziativer Kraft baut Helen Meier (1929) den Apfel ein in der Erzählung «Aufgerissen» im Band «Das einzige Objekt der Begierde»:

> «*Mitglieder des Chores wandelten plaudernd, schulterklopfend unter den Spitzbogen, junge Sängerinnen bissen in Äpfel, warfen lange Haare über die Schultern, bewegten die Beine.*»

Die literarische Erkundigung bei Rainer Maria Rilke (1875 bis 1926) führt einmal zum Gedicht «Der Apfelgarten» mit der dritten von vier Strophen:

> «*unter Bäumen wie von Dürer, die*
> *das Gewicht von hundert Arbeitstagen*
> *in den überfüllten Früchten tragen (…)*»

und weiter zum dreizehnten «Sonett an Orpheus» im ersten Teil:

> «*Wagt zu sagen, was ihr Apfel nennt.*
> *Diese Süsse, die sich erst verdichtet,*
> *um, im Schmecken leise aufgerichtet,*
> *klar zu werden, wach und transparent,*
> *doppeldeutig, sonnig, erdig, hiesig –:*
> *O Erfahrung, Fühlung, Freude –, riesig!*»

Günter Eich (1907 bis 1972) lässt im «Bratapfellied» die roten und symbolischen Äpfel liegen und singt ein anderes Lob, das in der letzten Strophe lautet:

> «*Und beiss ich in die Schale*
> *und ins gebräunte Fleisch,*
> *so glaubt mir: diesem Mahle,*
> *kein andres kommt ihm gleich.*
> *Kein Koch kann Bessres braten,*
> *soviel er Würzen sucht,*
> *es schmeckt nach reiner Wärme*
> *und schmeckt nach reiner Frucht.*
> *Bratapfel in der Röhre,*
> *du duftest mild und rein –*
> *so ich dich brutzeln höre,*
> *kein Lied kann schöner sein.*»

Alles Anmutige und Zarte fehlt völlig im «Wandteppich mit Apfelbäumen» des Franzosen Pierre Jean Jouve (1887 bis 1976), der sich während des zweiten Weltkriegs in Genf aufhielt und dort aufschreiend das Gedicht schrieb, in dem es in der Übersetzung von Hanno Helbling heisst:

Pipilotti Rist (1962) und Samir (1955), Videostill der Videoinstallation *The Social Life of Roses or Why I'm Never Sad*, Kunsthalle Baden-Baden, Kunstmuseum Solothurn und Museum Villa Stuck München, 1996/97

«Sprengt in die weissen Apfelbäume des grünen Lands
Tiere der Liebe Tiere aus Feuer Tiere von Eisen (...)
Stürzt in die nackten Apfelbäume des grünen Lands
Tiere des Bluts Tiere des Geistes Tiere der Ehre»

Verlust des sagenhaften Glanzes, dafür der Apfel als Metapher des Friedens in einem politischen Appell? Wenn nicht die Sage, dann war es die Überlieferung, die Albin Zollinger (1895 bis 1941) anregte zur «Legende vom Heiligen mit dem Apfelsamen», einer liebevollen Würdigung Johnny Appleseeds, der als John Chapman von 1774 bis 1845 als romantischer und kauziger Wandergesell in den USA lebte, mit dem Mythos versehen, die amerikanische Apfelzucht gefördert zu haben. Eine Passage in Zollingers langem Gedicht weist berührend auf biblische Ursprünge zurück:

«Und er ging weiter und predigte den Sternhimmel
Als die ausgekörnte Ernte paradiesischer Kulturen
Und nannte die Erde
Den runden Apfel der Urmutter Eva.»

Gerade die literarische und lyrische Apfelsuche, die weiss, dass sie im Streben nach Lückenlosigkeit scheitern würde, sich um diese deshalb gar nicht erst bemüht und die subjektive Neigung für statthaft hält, will auf eines der bekanntesten Gedichte nicht verzichten, auf die «Einkehr» Ludwig Uhlands (1787 bis 1862):

«Bei einem Wirte wundermild,
Da war ich jüngst zu Gaste;
Ein goldner Apfel war sein Schild
An einem langen Aste.

Es war der gute Apfelbaum,
Bei dem ich eingekehret,
Mit süsser Kost und frischem Schaum
Hat er mich wohl genähret.»

Dankbar endet die Rast in der freien Natur mit der fünften Strophe:

«Nun fragt ich nach der Schuldigkeit,
Da schüttelt er den Wipfel.
Gesegnet sei er allezeit
Von der Wurzel bis zum Gipfel!»

Das Schlusswort gehört Martin Luther (1483 bis 1546) – mit dem Zweifel freilich, ob es von ihm stammt:

«Wenn ich wüsste, dass morgen die Welt untergeht,
würde ich heute noch ein Apfelbäumchen pflanzen.»

Peter Mieg (1906–1990),
Drei grüne Äpfel, 1989,
Aquarell, 29,6 × 21 cm,
Privatbesitz

Die

Tochter

Wilhelm

Tells

In der fesselnden Grauzone zwischen Legendenbildung und Geschichtswissenschaft gehört sie zu den häufigeren Fragen: ob Wilhelm Tell verbürgt gelebt habe oder sagenumrankt, ohne Umweg über eine irdische Existenz zum Mythos geworden sei. So wenig wie selbst langwierigste Recherchen in Bürglen, Altdorf und Interlaken, in der Hohlen Gasse und Tellskapelle zu einer eindeutigen Antwort führen, so sehr erweist sich ein Besuch in Ernen als unergiebig: doch auf ergiebige Art. Denn dort im Untergoms mit seiner interessanten, gut erhaltenen Bausubstanz ragt das Tellenhaus, das «Tellehüs», heraus. Auf seinem Mauersockel springen die Fresken mit Szenen aus der Tellsage ins Auge. Hans Folcken – oder Volken – liess sie 1578 anbringen. Den Namen des Malers kennen wir nicht. Das Ergebnis lobt ihn. Die paradierenden Figuren und Gessler mit dem durchbohrten Apfel in der Hand sind ein optischer Spass. Das war die Absicht des Hausbesitzers. Mit seinem Auftragswerk wollte er eine heimkehrende Innerschweizer Delegation ehren, die in Brig den Bundesschwur mit dem Wallis erneuert hatte. Das ehemalige «Gunterhüs» und heutige «Tellehüs» diente als Wirtschaft und Suste und wird nunmehr als Gemeindehaus genutzt. Mit unserer Aufwartung erweisen wir nicht nur Tell die Reverenz, sondern auch Goethe, der 1779 in Ernen weilte, die Fresken bewunderte und sich dann hinter ihnen das Mittagessen auftragen liess. Dass er es mit einem Apfelkuchen würdig abschloss, wollen wir uns gerne vorstellen.

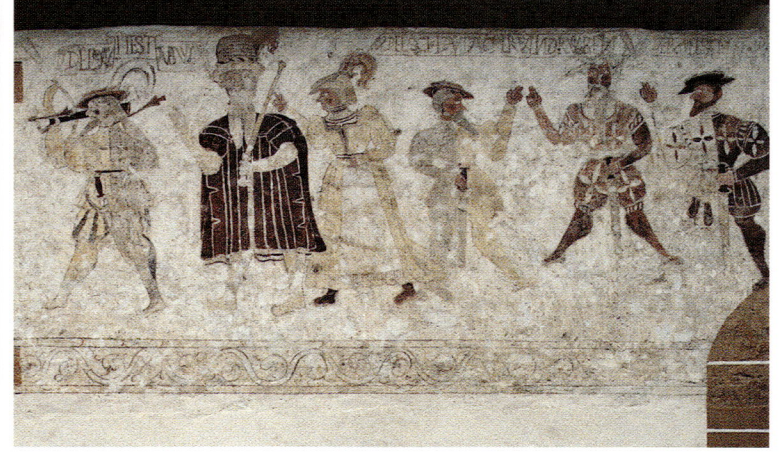

Unbekannter Maler,
Fresken am Tellenhaus
in Ernen/VS, 1578

Wilhelm Tell ist überall. Er ist auf T-Shirts, Frottéwäsche, Restaurantschildern und Kraftelixieretiketten, neben Onkel Dagobert, auf Gebäckmodeln, Uhrendeckeln, Jasskarten, Eierschachteln und sowieso auf Schützenabzeichen. Er garantiert für alles und jedes, bei jedem und allem den währschaften Erfolg und das rechtschaffene Gelingen. Wo ist er nicht?

In der Oper, im Theater und auf Freilichtbühnen, im Kino und Fernsehen begegnen wir ihm, in der Literatur und in der Kunst, im Altdorfer Denkmal Richard Kisslings von 1875, im Gemälde Ferdinand Hodlers, das ein Jahr später entstand und im Kunstmuseum Solothurn hängt, in der roten Eisenplastik, die Bernhard Luginbühl 1967 für die Weltausstellung in Montreal schuf und heute den Eingang zum Berner PTT-Gebäude bewacht. Und, und, und. Tell ist ein grundehrlicher Patriot und unsere patriotische Herausforderung.

Der Nationalheld schaut uns entgegen vom Fresko am Tellenhaus in Ernen und einem Gemäldezyklus im Schloss A Pro bei Seedorf, lädt uns zur Stille ein in den Kapellen am Vierwaldstättersee, in der Hohlen Gasse und in Bürglen und dort im Wattigwilerturm auch zur Bewunderung im Museum. Tell zieht die schweizerisch Andächtigen und die touristischen Massen an. Er ist da, auf Augenhöhe mit uns und wir mit ihm, und könnte der Vater von Heidi sein.

Aber war er auch dort, leibhaftig in Altdorf? Weil er allerorten ist, ringsum, muss die Legende eine Wahrheit sein – höchstens eine rätselhafte: wie im monumentalen Bild Salvador Dalís von 1933. «Das Rätsel des Wilhelm Tell» mit dem Meisterschützen in der gefassten Ruhe des Anschlags, ein drittes Bein phallisch nach hinten auf eine Schiessgabel legend, einen unsichtbaren Gegner visierend und nicht nur uns, sondern sich selber unerforschlich. Er schlägt die Betrachter im Stockholmer «Moderna Museet» in den Bann.

Tell ist allgegenwärtig, zu Weltruhm aufgestiegen mit dem uns besonders interessierenden Apfel in Friedrich Schillers Drama, uraufgeführt 1804 in Weimar, dritter Aufzug, dritte Szene:

«Nun Tell!»,

sagt, heischt, droht Gessler,

«Weil du den Apfel triffst vom Baume
auf hundert Schritte, so wirst du deine Kunst
Vor mir bewähren müssen – Nimm die Armbrust –
Du hast sie gleich zur Hand – und mach dich fertig,
Einen Apfel von des Knaben Kopf zu schiessen –

Carl Böckli Bö (1889–1970), Zeichnung aus dem «Nebelspalter», abgedruckt in «Schweiz – Suisse – Switzerland», März 1955

Wir sind vom Berg die Knahaben
Des Tellen schtarche Söhn,
Den Cholder wo wir hahaben
Den haben wir vom Föhn,
Vom Föhn der uns bei Tag und Nacht
So Chopfweh und so müde macht
Wir sind vom Berg die Knaaben
Des Tellen schtarche Söhn.

Hans Küng zugeschrieben, *Tells Apfelschuss*, 1523, Holzrelief, 48 × 100 cm, früheste plastische Darstellung des Apfelschusses, nach einer Vorlage aus der Chronik von Petermann Etterlin, Schweizerisches Landesmuseum, Forum der Schweizer Geschichte Schwyz, Gottfried-Keller-Stiftung

> *Doch will ich raten, ziele gut, dass du*
> *Den Apfel treffest auf den ersten Schuss,*
> *Denn fehlst du ihn, so ist dein Kopf verloren.»*

Tell fleht:

> *«Herr – Welches Ungeheures sinnet ihr*
> *Mir an – Ich soll vom Haupte meines Kindes –*
> *– Nein, nein doch, lieber Herr, das kömmt euch nicht*
> *Zu Sinn – Verhüts der gnädge Gott – das könnt ihr*
> *Im Ernst von einem Vater nicht begehren!»*

Hätte er doch den Hut auf der Stange gegrüsst! Das gab ihm sein Stolz nicht zu. Trotzig singt er im «Wilhelm Tell»-Lied mit dem 1613 entstandenen Text des Urners Hieronymus Muheim:

> *«Wilhelm bin ich, der Telle,*
> *von Heldes Muot und Bluot.*
> *Mit mjnem Gschoss gar schnelle*
> *han ich die Freiheit guot*
> *dem Vaterland erworben, vertriben Tyranny.*
> *Ein festen Bund geschworen*
> *hand unser Gsellen dry.»*

Max Frisch erklärt die Tragödie im «Wilhelm Tell für die Schule» als eine Verkettung unglücklicher Missverständnisse. Eine Ungeschicklichkeit sei zur nächsten geworden wegen eines dumpfen, armbrustbewehrten Alpheuers, der auf keine der goldenen Brücken zuschritt, die ihm Hermann Gessler, sich der heiklen, eskalationären Situation erschrocken bewusst, gebaut habe. Und Walter habe im dümmsten Augenblick, kurz bevor das Unheil vom peinlich bewegten Reichsvogt zu Schwyz und Uri noch hätte verhindert werden wollen, mit einfältiger Schicksalsergebenheit und nichts weniger als mutig einen grünen Apfel aus seinem Hosensack gezogen.

Das ist der springende Punkt. Wenn Vater und Sohn mehr einen Mythos bilden als eine blutsverwandte Wirklichkeit, dann darf es mit dem Apfel ohne weitere Nachforschung seine Richtigkeit haben.

Wir finden die griechischen, römischen und keltischen Äpfel ja auch anrührend, glaubhaft und schön und lassen sie frei von jeder botanischen Akribie gelten.

Würde es sich indessen erweisen, dass Wilhelm und Hedwig Tell mit ihren Söhnen Walter und Wilhelm wahrhaftig in der Innerschweiz wohnten und auf einem Bergheimet rackerten, dann muss der Apfel seine überprüfte Echtheit haben. Mag in der Mythologie alle Phantasie und überwältigende Unübersichtlichkeit erwünscht und erlaubt

Unbekannter Künstler,
*Walter aus der Gruppe Berner
Tell und Sohn*, Tell um 1585,
Walter evtl. später, Holz,
Höhe 100,5 cm, Bernisches
Historisches Museum Bern

sein, in der Schweizer Geschichte legen wir auf die Genauigkeit Wert wie bei einer Schweizer Uhr.

Konnte es also ein Apfel gewesen sein, weil es damals zwischen Gitschen und Eggbergen schon welche gab?

Das «Weisse Buch von Sarnen», das der Obwaldner Landschreiber Hans Schriber um 1470 vom fünfzig Jahre älteren, heute verschwundenen Original kopierte, bestätigt den Apfelschuss. Bloss wissen wir nicht, ob die Duplizierung getreulich und völlig fehlerlos geschah, die Chronik geflissentlich korrigierend oder fahrlässig entstellend.

Einige Zweifel sind insofern nicht völlig aus der Luft gegriffen, als ein Berner Pfarrerssohn, Hauptmann im Dienste des Herzogs von Modena, politischer Flüchtling im preussischen Neuenburg und Dramatiker dazu, den Apfel vom Haupte Walters auf jenes seiner Schwester Hedwig verlegt haben wollte. Andere Köpfe – andere Früchte, ein Schwanken hier, ein Lapsus dort?

Die Rede ist vom 1701 geborenen Samuel Henzi, der 1748/49, ein halbes Jahrhundert vor Schiller, in französischer Sprache und kunstvollen Alexandrinern das ungewöhnliche Tell-Drama «Grisler ou l'ambition punie» in fünf Akten verfasste, nie aufgeführt und seit 1996 erstmals in der deutschen Übersetzung von Kurt Steinmann als «Grisler oder der bestrafte Ehrgeiz» vorliegend und arg an unserem Geschichtsbild kratzend.

Das Beste kommt nämlich erst. Henzis Grisler – Schillers Gessler – gesteht seinem Vertrauten Lienhard:

«Wie ist mein Herz verwirrt, meine Seele verstört! Wie, kann es sein, dass der Anblick der stolzen Schönheit in meiner bewegten Brust dieses Feuer entfacht?»

Das Feuer entzündete kein habsburgisches Ritterfräulein, sondern Hedwig, die Tochter seines Widersachers Tell. Ein kühner Einfall, ein dramaturgischer Kunstgriff, ein revolutionierender Blick auf unsere Vergangenheit?

Henzi führte die Liebesgeschichte als Konzession ans französische Publikum ein. Im wesentlichen jedoch fasste er seine glänzende «tragédie» als politische Kampfbotschaft auf, mit der er sich gegen Berns gnädige Herren für die Demokratie engagierte. Ihretwegen zettelte er eine Verschwörung an, die 1749 geradezu rächend mit seiner Enthauptung bestraft wurde. Das Drama erschien dreizehn Jahre später als anonymer Druck.

Bereits vor Henzi wurden die innerschweizerischen Geschehnisse des späten 13. und frühen 14. Jahrhunderts nach dem Tode Rudolf II. von

Johann Rudolf Schellenberg (1740–1806), *Vater, der Apfel ist getroffen!*, um 1775, kolorierter Kupferstich, Zentralbibliothek Zürich

Habsburg schriftlich festgehalten: historisch vom Luzerner Petermann Etterlin in der 1507 veröffentlichten eidgenössischen Chronik und vom Glarner Aegidius Tschudi (1505 bis 1572) im 1734 bis 1736 gedruckt erschienenen «Chronicon Helveticum».

Literarisch wagten sich zwei unbekannte Autoren an Stoff und Fanal: 1477 mit dem dreissigstrophigen «hübsch lied vom vrsprung der Eydgnoschaft vnd dem ersten Eydgenossen Wilhelm Thell genannt» und 1512 mit dem «hübsch Spyl gehalten zuo Vri in der Eydgnoschafft/von dem frommen vnd ersten Eydgenossen/Wilhelm Thell genannt».

Doch alle ehrwürdigen Berichte über die Urschweizer Befreiungstradition, ob zeitlich näher an den Ereignissen geschrieben, den Augenzeugen noch über die Schultern schauend, oder in fernerem Abstand, ändern nichts daran, dass es sich beim Apfelschuss um eine Wandersage handelt. Sie entstand in nordischen Ländern und wurde nach England, Deutschland und der Schweiz verbreitet.

In der «Edda» befahl König Nidung einem trefflichen Bogenschützen, seinem eigenen Knaben einen Apfel vom Kopf zu schiessen. Gleiches hören wir von Toko aus der achthundert Jahre alten «Gesta Danorum» mit ihren Sagen und Chroniken des Dänen Saxo Grammaticus. Wir können mutmassen, ob es sich um eine grausame und zynische Strafe handelte, die Gessler kannte, oder um ein starkes Gleichnis für den Widerstand gegen die Tyrannei.

So oder anders: Urteil und Symbol setzen einen Apfel voraus. Kam er aus der Lombardei über den Gotthard in Walters Hosensack – oder in Hedwigs Schürzentasche? Eher nicht. Denn dieser Handelsweg spielte vom Hochmittelalter bis zum frühen Spätmittelalter, vom 10. bis zum 15. Jahrhundert, eine untergeordnete Rolle. Tell wird auf einheimisches Gewächs geschossen haben. Die alemannischen Siedler im Urnerland hielten wie ihre germanischen Vorfahren nicht nur Vieh, bauten Getreide an, pflanzten Bohnen, Erbsen und Rüben, sondern pflegten in der Milde des Sees ihre Rebberge und Baumgärten, aus denen sie neben Äpfeln auch Birnen und Kirschen ernteten.

An der Gelegenheit mangelte es somit nicht, dass Tells Kinder über eine Mörtelmauer oder einen Holzzaun in einen Baumgarten kletterten und sich stibitzend bedienten, als sie ihren Vater von Bürglen auf die Wiese von Altdorf mit dem verhängnisvollen Hut auf der Stange begleiteten.

Oder sie holten sich den Apfel aus dem Speicher oder nahmen ihn nach dem Kirchgang oder am späten Nachmittag zu Hause vom Holztisch, wo er neben Löffel, Messer und gemeinsamer Schüssel lag, neben dem Brot, Ziger und Weichkäse, dem Hafer- und Hirsebrei in bauchigem Tontopf.

Botanisch hat das Werweissen ein Ende, ob sich Schiller und vor ihm Henzi, Etterlin, Tschudi und die beiden «hübsch lied- und Spyl»-Dichter täuschten oder nicht: nein, von einem Irrtum kann keine Rede sein. Und in historischer Hinsicht? Das Fragezeichen ist und bleibt offenbar ein Bestandteil unserer Geschichte.

Noch dunkler ist es um die Frage, was geschah, als Schillers Walter sich von der Linde löste, in die ausgebreiteten Arme seines Vaters rannte, Rudolf der Harras den durchbohrten Apfel mit den Worten bewunderte

> *«Erzählen wird man von dem Schützen Tell,*
> *Solang die Berge stehn auf ihrem Grunde.»*

und ihn Landvogt Gessler reichte. Dieser lobte den Meisterschuss und wandte sich dem künftigen Nationalheros zu mit der fürchterlichen Erkundigung nach dem zweiten Pfeil.

Doch was geschah mit dem einen Apfel? Besassen die anwesenden Edlen, Bäuerinnen, Wachen, Landleute und Knechte keinen historischen Reflex, um die Bedeutsamkeit der saftenden Frucht zu ermessen und sie als Trophäe an sich zu reissen? Das Volk wird, wie es der Zeit entsprach, das Gefühl der Erleichterung und des Triumphes laut lachend, hemmungslos weinend und fröhlich tanzend gezeigt haben bis Gesslers heimtückische Neugier für Tells Geschosse wieder für gelähmte Stille sorgte. Da mochte sich wohl niemand nach dem Apfel bücken oder recken.

Der habsburgische Vogt selber, der mit dem Falken auf der Faust angeritten war und mit der anderen Hand den Zügel hielt, wird den Apfel nur kurz aufgenommen, als störend auf den Boden geworfen und mit den Hufen seines Pferdes zornig oder achtlos zerquetscht haben. Aus dem Freiheitsmal wurde ein Festmahl für Ameisen, Spatzen, Wespen und Fliegen.

Sofern es Gessler nicht vorzog, den Apfel unter seinem Mantel in den Lederbeutel zu stecken, denn er war in der Novelle von Max Frisch auf dem Ritt nach Immensee, das über Schwyz und Goldau oder über Vitznau und Weggis so weit entfernt lag, dass sich eine Zwischenverpflegung für alle Fälle empfahl.

Heinrich Reinhart (1844–1927),
Walterli mit gelbem Apfel,
Öl auf Leinwand auf Karton
aufgezogen, 46,5 × 36,5 cm,
Kunstmuseum Winterthur

Nördlich oder südlich der Hochflue, an einem Schattenplatz bei Lauerz oder Gersau, könnte der Habsburger den Apfel gegessen und darüber nachgedacht haben, wie ärgerlich, ja wie verheerend für ihn und die Zukunft des Reichs sein Tagwerk begonnen hatte. Wenn ihm, was wir lediglich vermuten können, das Urteil des Paris geläufig war, dann wird er es mit dem eigenen, dem Urteil des Hermanns, trübsinnig verglichen und den gallenbitter schmeckenden Apfel ins Gras geschleudert haben. Vom Baum, der daraus zu Ehr und Ruhm Wilhelm Tells gemeinsam mit der jungen Eidgenossenschaft erblühte, blieben wir als weitere Lücke in unserer Urgeschichte ohne Kunde.

Spinnen wir jedoch den Faden weder mit Schiller noch mit Frisch weiter, sondern mit Henzi, dann dürfen wir als wahrscheinlich folgern, dass Gessler den Proviant in verschwiegener Kammer aus dem Lederbeutel zog und ihn begehrlich und versöhnlich der verdutzten Hedwig als Liebesapfel schenkte.

Wappen des Kantons Baden 1798–1803, Metallplakette der City Vereinigung Baden, hg. anlässlich der Kleinen Badenfahrt 1972

Tell und Sohn, Der Thurgauer Volkskalender auf das Jahr 1841, Umschlag, Holzstich, 19,5 × 16,5 cm, Privatbesitz

Fruchtbare

Mitgift

Mit der liebenswürdigen Spötterei «Mostindien» fühlt sich gewiss keine Thurgauerin und kein Thurgauer verletzt; aber sie schränkt einen Kanton auf Obst und Most ein, als würde zwischen Fischingen und Kreuzlingen, zwischen dem Untersee und Bodensee Baumgarten an Baumgarten grenzen, Saftpresse an Saftpresse – und gleich auch noch Wirtshaus an Wirtshaus. Dass der Thurgau mit all dem als gesegnet gelten darf und die Obstkultur mit der Lebenskultur harmonisch vereinigt, ist richtig. Als ebenso richtig erweist es sich, dass der Obstbau seine spezifische Bedeutung vor dem Hintergrund einer wechselvollen Geschichte erreichte und im Rahmen einer ökonomischen Entwicklung, zu der Gewerbe und Industrie nicht minder gehören als die Landwirtschaft. Weder wuchsen die Bäume wundersam wie im Garten Eden noch fiel das Obst vom Himmel. Es handelt sich wahrhaftig um Früchte der Arbeit. Liess sie nach, ging die Ernte zurück. Mehr als einmal geschah es so. Neue Anfänge mit neuen Ideen waren nötig, oft gegen den Widerstand, den Traditionen leisten, die das Festhalten am Hergebrachten leichter machen als das Zupacken im Geiste des Fortschritts. Es mag demnach sein, dass der Solothurner Karikaturist Martin Disteli seine «Mostindier» und sein «Mostindien» im letzten Jahrhundert nicht als sanften, sondern als spitzen Spott meinte, nicht träf, sondern treffend. Die Zeit hat den Sarkasmus längstens geheilt. Dass die reichen Thurgauer Bauern einen Baumgarten zur Mitgift ihrer Töchter bestimmten, wird deren Schönheit gewiss auch in manch auswärtigen Männeraugen vergrössert haben.

Apfelbaum und Lotusbaum,
spätantiker Wandbehang,
5. Jh. n. Chr., Baumwolle (?),
87 × 86 cm, Archäologische
Sammlung der Universität
Zürich

Pietro de Crescenzi
(1230–1320/21), *Apfelernte*,
Miniatur aus einer Auflage
von 1460 seines Werkes
«Le Rustican», Musée
Condé Chantilly

Von Bürglen nach Bürglen ist kein Treten an Ort. Der Weg führt nicht um Tells Wattigwilerturm herum, sondern über den Surenenpass nach Engelberg und von dort übers Juchli ins Melchtal, über die Bachegg ins Klein Melchtal und übers Güpfi ans nordwestliche Ufer des Lungerer Sees. Dann sind wir vom urnerischen im obwaldnerischen Bürglen angelangt. Weiter geht es, aber spätestens ab hier vorteilhafter per Bahn oder Auto, zum dritten Bürglen als Vorort von Freiburg mit der Wallfahrtskirche Unserer Lieben Frau. Das ist die westliche Variante der ausgedehnten Strecke von Bürglen nach Bürglen.

Tell aber wäre nicht der Allgegenwärtige, würde er nicht auch eine östliche Variante bieten können, die uns ins vierte und thurgauische Bürglen zwischen Weinfelden und Amriswil bringt mit dem Schloss aus dem 12. Jahrhundert, das zeitlich einigermassen zum Meisterschützen passt und auch deswegen, weil der Apfelbaum die Weite des Landes prägt. Und er prägte sie mit Sicherheit schon am Tage, als der historische Pfeil haarscharf über den Kopf eines Mädchens oder Knaben schnellte.

Die Kunde vom Apfel reicht sogar ein Jahrtausend weiter zurück. Denn dass die Römer, zu deren Imperium der Thurgau von 15 v. Chr. bis 450 n. Chr. gehörte, Arbon als «Arbor felix» bezeichneten, stimmt: sie nannten es den «glücklichen Baum», den wir uns als blühenden und ertragreichen vorstellen dürfen, wohl nicht einzeln und einsam an den Gestaden des Bodensees wachsend, sondern als Teil eines vom Glück begünstigten Obstgartens in milder Gegend.

Über dem Bodenseeraum wechselt der ausreichende Sonnenschein mit dem ausreichenden Regen. Frost und Hagel halten sich in Grenzen. Der Wind richtet keine grossen Schäden an. Der Apfel findet ein günstiges Klima vor. Er begnügt sich mit geringer Wärme, holt sich im sonnigen Herbst die letzte Kraft und wirft diese mit satten Farben zur Freude unserer Augen in die Landschaft zurück. Darum wird sie mit ihren Hügeln und Wäldern, mit ihren Schlössern von Mammern über Arenenberg und Frauenfeld bis Zuckenriet und eben Bürglen und mit ihren Kirchen von Ermatingen über Kreuzlingen bis Münsterlingen zu einer einzigen Einladung, sich wandernd die von der Natur und von Menschenhand erschaffenen Schönheiten zu erschliessen.

Der St. Galler Stadtarzt, der Freund Ulrich Zwinglis, der Bürgermeister und Reformator Joachim von

Louis Saugy (1871–1953),
Alpauffahrt und Obsternte,
um 1930, bunter Falt- und
Klebeschnitt, 38,5 × 50,5 cm,
Privatbesitz

Watt (1483 oder 1484 bis 1551), der als Humanist hochverehrte Vadian, beschrieb den Thurgau in der Stumpfschen Chronik als

«fruchtbar an weyn/korn/ops/vñ allerley güter früchten überflüssig»

und bemerkte geniesserisch,

«Darzu wirt an vilen orten diss lands wuder vil trancks auss öpfflen vñ biren gemostet/glych wie in Nordmandy.»

Darum konnte sich 1788 der Göttinger Professor Christian Meiners zwar nicht im Paradies, aber doch im Garten Eden fühlen, wenn er in den Thurgau reiste:

«Keine Gegend in Deutschland hat so sehr das Ansehen eines Edens als der Thurgau, weil keine einzige so stark mit Obstbäumen bepflanzt ist.»

Der Solothurner Karikaturenzeichner Martin Disteli (1802 bis 1844) bestätigte es, indem er die Thurgauer als «Mostindier» bespöttelte, den in der Form einer Birne dargestellten Kanton als das bis heute geläufige «Mostindien».

Mit seinen Obstbäumen und der jetzt überwiegenden Apfelproduktion ist der Thurgau eine unmittelbar erlebbare Kulturgeschichte des Apfels. Kein Apfelbaum tritt altersmässig auch nur annähernd in Konkurrenz mit den die Landschaft, die Dörfer und Städte gestaltenden Türmen, Burgen, Schlössern, Herrenhäusern, Klöstern und Kirchen. Aber jeder Apfelbaum weist gedanklich mühelos weit hinter die Geschichte der fest gemauerten Baudenkmäler zurück. Der historische Blick wird über die die Ufer des Bodensees und des Untersees, der Thur und des Rheins bewohnenden Generationen hinweg zutiefst in die Vergangenheit gelenkt.

Nicht dass wir uns vorstellen dürfen, der Obstbau sei seit je landwirtschaftlich betrieben worden; nein: Äpfel und anderes Obst wuchsen die längste Zeit wild. Als interessant erweist sich indessen, dass die einzigen steinzeitlichen Funde kultivierter Äpfel in einem Raum liegen, der südlich von Mailand und nördlich vom Pfäffikersee begrenzt wird, den Thurgau also umschliesst. In diesem Gebiet entwickelte sich der über Jahrhunderte vorherrschende Baumgarten als fester Bestandteil des Hofes, als solcher in den Stammesrechten erwähnt und im 14. Jahrhundert mit zweiundzwanzig Aren eine durchschnittliche Grösse erreichend.

Die Dreifelderwirtschaft prägte bis weit ins 19. Jahrhundert das Bild einer fruchtbaren Landschaft, in kleinen Dörfern und Weilern sowie in den

Hans Baumgartner (1911–1996),
Am Untersee, 1939 und 1940,
Schweizerische Stiftung für die
Photographie Zürich

Adolf Dietrich (1877–1957),
*Blühender Apfelzweig mit
Blaumeise*, 1950, Öl auf Pavatex,
35 × 28 cm, Privatbesitz

Piet Mondrian (1872–1944),
Bloeiende Appelboom, 1912,
Öl auf Leinwand, 78 × 106 cm,
Haags Gemeente Museum
Den Haag

dörflichen, gewerblich tätigen Städtchen Arbon, Bischofszell, Diessenhofen, Frauenfeld und Steckborn besiedelt. Wiesen mit Obstbäumen und dazu Gemüse-, Kräuter- und Blumengärten bildeten den Hofbereich, der überging ins Ackerland, die Allmend und die noch von keinem Förster gehegten Wälder. An besonders milden Lagen wuchsen Reben.

Zeitgenossen und Augenzeugen helfen uns, die Phantasie anzuregen. In Urkunden, die einen Landkauf oder eine Pacht besiegeln, lesen wir bis ins 9. Jahrhundert zurück von Äpfeln und Apfelbäumen und finden uns in der Gewissheit bestärkt, dass sich unsere Vorfahren nicht anders als wir an einem gesegneten Landstrich erbauen konnten.

Doch bis die nüchterne Sprache amtlicher Dokumente mit ihren «pomariis» und «pomiferis» abgelöst wird von anschaulichen und das Detail berührenden Erlebnisberichten, müssen wir uns gedulden bis Vadian und bis zum professoralen Reisenden aus Göttingen. Ein Dezennium nach ihm, 1798, entzückt uns der Arzt Johann Gottfried Ebel mit seiner «Schilderung der Gebirgsvölker der Schweitz», deren Thurgauer Passage nichts ahnen lässt vom Einmarsch der französischen Revolutionstruppen und vom Untergang der alten Eidgenossenschaft, in der Gefühlslage allenfalls etwas von der provisorischen Freilassung des Thurgaus aus der Untertanenschaft:

> *«Der Weg nach Arbon führt am westlichen Ufer des Bodensees, bald nahe, bald ferne von seinem glänzenden Spiegel, durch ein Land, welches unendlich schön und reitzend ist. Die Ufer, welche in grossen Bogenlinien schweifen, erheben sich unmerkbar in eine zwey Stunden hohe, aber äusserst sanft steigende Terrasse, und bilden ein Hügelgelände, welches Weinberge, Kornfelder und Obstbäume beleben. (...) Stundenlang wanderte ich in dem Schatten eines wahren Waldes von dickstämmigen, grossen und breitästigen Birn- und Apfelbäumen, unter denen das schönste Getreide wallte. Diese Obstbäume stehen 24 Schritt von einander gesetzt in geraden Linien längst der Ackerbeeten, und bilden Alleen von allen Seiten. Sie sind von einer Schönheit und Kraftfülle; viele tragen in einem Jahre 60 bis 100 Viertel Äpfel oder Birnen.»*

Der daraus zu erzielende Gewinn, fährt Ebel als genauer Beobachter und poetisch beflügelter Berichterstatter fort, mache den Baumbesitzer zu einem reichen Mann. Die Mitgift gar mancher Thurgauer Tochter bestehe einzig und allein im Eigentum an Birn- oder Apfelbäumen:

102 Cuno Amiet (1868–1961), *Apfelernte*, 1914, Öl auf Leinwand, 209 × 235 cm, Privatbesitz

«Die Kultur derselben ist vielleicht nirgends so weit getrieben wie hier, denn es erregt mit Recht Erstaunen, in diesem Klima einen prächtigen unübersehbaren Wald von Obstbäumen zu durchreisen, den man vergebens in Ländern eines mildern Himmelstrichs sucht.»

Noch werden die Obstbäume nicht gezählt, und wenn, dann taten es die Bauern zu ihrem eigenen Nutzen und Stolz und ohne Meldung an ein akribisch notierendes und rechnendes Amt. Die Sammlung statistischen Materials hat vor weniger als zweihundert Jahren begonnen. Den ersten überlieferten Zahlen entnehmen wir, dass um 1800 im Thurgau etwas mehr als 600 000 Obstbäume standen, von denen die meisten Birnen trugen und lediglich knapp 100 000 Äpfel.

Der Initiative des Landwirtschaftlichen Vereins ist es zu danken, dass wir aus dem Jahre 1859 präzise Zahlen besitzen, nämlich 281 778 Apfelbäume, 120 716 Zwetschgen- und Pflaumenbäume, 50 673 Kirschbäume, 6881 Nussbäume und an Birnbäumen beinahe nochmals so viele wie an allen übrigen: 417 555.

In den folgenden Jahren änderte sich das Verhältnis zu deren Ungunsten, bis eine halbe Million Apfelbäume mit 300 000 Birn- und 150 000 Zwetschgenbäumen um die Wette blühten.

Auf die reinste Idylle und die florierendsten Erträge blicken wir freilich nicht zurück, auch nicht auf einen Garten Eden, in dem Honig und Milch als Apfel- und Birnensaft flossen, obschon beide das begehrte, den Wein ablösende Alltagsgetränk waren für jung und alt, für Gesunde und Kranke. Viele Thurgauer Bauern erdrückte im ersten Drittel des vorigen Jahrhunderts die Schuldenlast, sei es wegen der noch nicht völlig verschwundenen Feudalabgaben, einem mangelnden Arbeitseinsatz oder einem Nachlassen der kultivierenden Anstrengungen. Gewerbe und Industrie stehen vor ihrem Aufschwung, während die landwirtschaftlichen Beschäftigungen abnehmen.

Gäbe es die Bauernhäuser von damals noch, müssten wir bei einer reicheren Familie eintreten, bis wir wenigstens ein Handgiessfass benutzen könnten, um in einem Blech-, Zinn- oder Kupferbecken unsere Hände zu waschen. Die Stuben waren dunkel. Wir würden wohl den Atem anhalten, denn die kleinen Fenster liessen sich zum Lüften nur einen Spalt breit öffnen. Ampeln mit Öl aus Mohnsamen, Nusskernen und Raps spendeten ein russiges Licht. Brennende Talgkerzen hätten wir höchstens an einem Festtag gesehen.

Karl Landolt (1925),
Unter dem Usterapfelbaum,
1988, Öl auf Leinwand,
81 × 100 cm, Privatbesitz

Ausnahmslos ein Arkadien oder eine grüne, weiss verzierte Heiterkeit war der Thurgau nicht.

Das «Neujahrsblatt der Jugend zur Belehrung und Ermunterung» aus dem Jahre 1841 erkundigt sich enttäuscht, warum

> *«das Merkwürdige nur jenseits der Meere und Gebirge oder in der grauen Vorzeit»*

gesucht werde, um mit erzieherischer Hoffnung fortzufahren

> *«Rings um uns her ist des Merkwürdigen so viel, dass die Wissbegierde in ihrer nächsten Umgebung schon unerschöpfliche Nahrung findet. (...) Ein solcher selten nach seinem Werthe gewürdigter Gegenstand ist der Obstbau im Thurgau.»*

An völliger Gleichgültigkeit kann es insofern nicht gefehlt haben, als das «Neujahrsblatt» schwere Sünden beklagt: die Zahl der Obstbäume habe sich in den letzten Jahrzehnten stark vermindert,

> *«nicht etwa nur, weil ihr Holz von den Tischlern gesucht und gut bezahlt wird, (...) sondern auch, weil ihre Frucht zu sehr der Naschhaftigkeit der Jugend ausgesetzt ist und dabei das Gras und die Saaten um die Bäume herum sehr leiden müssen. Die Naschaftigkeit der jungen Leute ist freilich für sie kein schönes Zeugnis!»*

In Riesenschwärmen und mit Heisshunger müssen die Urur- und Urgrosseltern als Teenager über die baumfrischen Früchte hergefallen sein, um wirtschaftlich geradezu ruinöse Spuren legen zu können.

Wie auch immer: Die Krise war da. Sie wurde auch als Chance begriffen, zunächst von wenigen Beherzten und Weitsichtigen, die Mehrheiten zu überzeugen versuchen mit der Idee landwirtschaftlicher Winterkurse und Schulen, mit Vorstössen für Flurordnungen und Plänen für Käsereien und Genossenschaften. Allmählich setzten sich diese Wandlungsprozesse durch. Die erste Mosterei-Genossenschaft nahm ihren Betrieb 1900 in Egnach auf, vor Bischofszell, Gachnang, Horn, Märwil, Oberaach und Scherzingen.

Mostindien als neckende Bezeichnung bleibt. Mit dem liebenswürdigen Spott hat sie heute mehr zu tun als mit einer gültigen Charakterisierung des Kantons. Noch 12% der Bevölkerung, immerhin doppelt so viel wie im schweizerischen Durchschnitt, bezieht ein landwirtschaftliches Einkommen. 51% sind in Industrie, Gewerbe und Handwerk beschäftigt, 37% im Dienstleistungsbereich.

Eduard Munch (1863–1944),
Apfelbaum, Sköjen, 1921, Öl
auf Leinwand, 100 × 130,5 cm,
Kunsthaus Zürich,
Schenkung Alfred Rütschi

Gleichwohl hat keine der dreiundsiebzig thurgauischen Gemeinden einen Motor, ein Möbelstück oder eine Nähmaschine in ihr Wappen aufgenommen. Damals wie heute dürften und könnten es überwiegend Bäume sein, denn auf die Thurgauerinnen und Thurgauer entfallen deutlich mehr Feldobstbäume als auf die Bewohnerinnen und Bewohner jedes anderen Kantons: vier Mal mehr als im Landesschnitt. Sogar sieben Mal mehr ist es in bezug auf die für die Intensivkulturen beanspruchte Bodenfläche. Am dichtesten blühen die Obstbäume im östlichen und westlichen Kantonsteil.

Die Eidgenössische Obstbaumzählung von 1991 enthebt uns der Not, in Worte zu fassen, was an Zahlen erhoben worden ist: Auf schweizerischen Wiesen und Feldern stehen 4,4 Millionen Obstbäume, 1,1 Millionen oder ein Fünftel weniger als 1981. Und erst noch ist jeder fünfte der verbleibenden Feldobstbäume krank, alt oder ungepflegt. Besser geht es den Obstkulturen, den Bäumen in einer geschlossenen Anlage, deren Fläche von 1971 bis 1991 um 30% auf 7050 Hektaren zugenommen hat.

Der Kanton versorgt uns mit Golden Delicious, Jonathan, Gravensteiner, Glockenäpfeln, Idared, Maigold, Boskoop, Jonagold und Cox's Orange. Mit diesen Sorten erreicht er einen schweizerischen Marktanteil von einem Viertel; bei den Mostäpfeln liegt er annähernd doppelt so hoch.

Im führenden Thurgau sind es gleichwohl lediglich neun Gemeinden, die sich das Obst auf die Fahne geschrieben haben bzw. ihre Wappen mit Bäumen und baumähnlichen Symbolen schmücken: Affeltrangen, Amriswil, Arbon, Egnach, Erlen, Felben-Wellhausen, Güttingen, Hüttwilen und Birwinken.

Äpfel aber, auf deren Entdeckung wir mit Vergnügen dauernd aus sind, strahlen uns gerade zweimal entgegen: goldig in Affeltrangen und rot in Amriswil. Gründlich wie wir sind, nehmen wir auch noch die stilisierte Rose Güttingens sammelnd mit, denn der Apfel ist in der Familie der Rosengewächse daheim. Doch das ist ein anderes Kapitel.

Zeit

Geduld

Beharrlichkeit

Neuseeland riskierte mit China wegen einer neuen Apfelsorte einen diplomatischen Konflikt. Handfeste wirtschaftliche Interessen waren tangiert. Daraus ersehen wir dreierlei: dass die Züchtung einer Sorte sowohl die Pomologen als auch die Kaufleute fasziniert; dass bis zum lohnenden Geschäft hohe Investitionen an Geduld und Geld erforderlich sind, die gerne umgeht, wer es irgendwie zu schaffen glaubt; und dass drittens Werkspione ihre Nasen auch unverschämt in Blütenstaub stecken. Den Bienen droht Konkurrenz. Immerhin haben sie sich daran seit den Römern gewöhnen gelernt. Sie griffen kultivierend in die Natur ein und veredelten die von ihr hervorgebrachten eher kleinen als grossen und mehr sauren denn süssen Äpfel. Was Dichter und Legionäre mit professionellem Geschick zu pfropfen und pflegen begannen, steigerten die Mönche des Mittelalters zur Wissenschaft und Kunst. An ihrem heutigen und vorläufigen Ende ernten wir Äpfel, die einerseits waggonweise und im Tonnengedränge den Transport vom Produzenten zum Konsumenten überstehen müssen und anderseits einzeln in dekoratives Papier eingewickelt und von behandschuhten Kellnern mit der Silberzange zum Dessert serviert werden. Das hätte eigentlich jeder Apfel als Wunder der Natur und als Produkt züchterischer Hingabe verdient: auch dass wir sie mit Messer und Gabel schälen und behutsam in Schnitze schneiden. Vielleicht veranlasst das folgende Kapitel die eine und den andern, die Liebe zum Apfel mit dem Mut zum Snobismus zu beweisen.

An Nährwert enthält ein ungeschälter, roher Apfel von 150 Gramm Gewicht 75 Kilokalorien oder 312 Kilojaules, 0,3 Gramm Eiweiss, 0,9 Gramm Fett, 15,4 Gramm verwertbare Kohlehydrate, 4,5 Gramm Ballaststoffe, 2 Milligramm Natrium, 216 Milligramm Kalium, 11 Milligramm Kalzium, 15 Milligramm Phosphor, 0,5 Milligramm Eisen sowie 0,05 Milligramm Thiamin, 0,03 Milligramm Riboflavin, 0,08 Milligramm Pyridoxin, 10 Milligramm Ascorbinsäue bzw. Vitamin C und die Vitamine B_1, B_2, B_6.

So knackig und aromatisch wie sich die Aufzählung dieser essbaren Apfelanteile liest, so herrlich schmecken viele Äpfel, nämlich nach gar nichts. Lagerfähig müssen sie sein, über Stock und Stein transporttauglich und im Aussehen blendend – aber doch mit dem Sprichwort im Bunde, dass auch rote Äpfel faul sein können.

In dem Masse, in dem die Welternährungskette mit der Kühltechnik zu Wasser, zu Lande und in der Luft perfektioniert und die Distanz zwischen den Kontinenten mit logistischer Kreativität auf den einstigen Weg zwischen Bauernhof und Stadtmarkt verkürzt worden ist, so langweilig haben sich die Gaumenfreuden verringert.

Jakob Stämpfli, «der Pomolog» in der unveröffentlichten Skizze des Thurgauer Schriftstellers Alfred Huggenberger (1867 bis 1960), würde sich im Grab umdrehen. Er, der mit «gesundem Erdenfleiss» aus dem «grossen Geheimnis seiner Seele» einen Baumgarten anlegt, in dem sich «kein dürres Ästlein findet und kein Zweig, der dem andern im Wege steht», weshalb er sein Obst auf dem Markt nicht rühmen muss: «er lässt es selber sprechen».

Zeugnis hat er davon abgelegt, dass der Apfel verheissungsvoll aus der Familie der Rosengewächse stammt, der Rosaceae, mit ihren Abkömmlingen der Rosen, der Erdbeeren, Brombeeren, Himbeeren, Vogelbeeren, der Birnen, Kirschen und Hagebutten. Wenn das nicht alles Verpflichtungen sind, den Apfel vom Produzenten, Laageristen, Grossisten und Detaillisten bis zum Konsumenten zu ehren und seine Fülle an Formen, Farben und Düften zu pflegen!

Sicher mengenmässig leisten die bissfesten Schweizerinnen und Schweizer ihr Bestes. Sie essen jährlich 22 Kilogramm Äpfel und wahren mit ihrem Verzehr von Boskoop, Cox's Orange, Glockenäpfeln, Gravensteinern, Jonathan, Maigold und Golden Delicious vor Idared, Jonagold, Gloster und Spartan weltmeisterlich die Spitze.

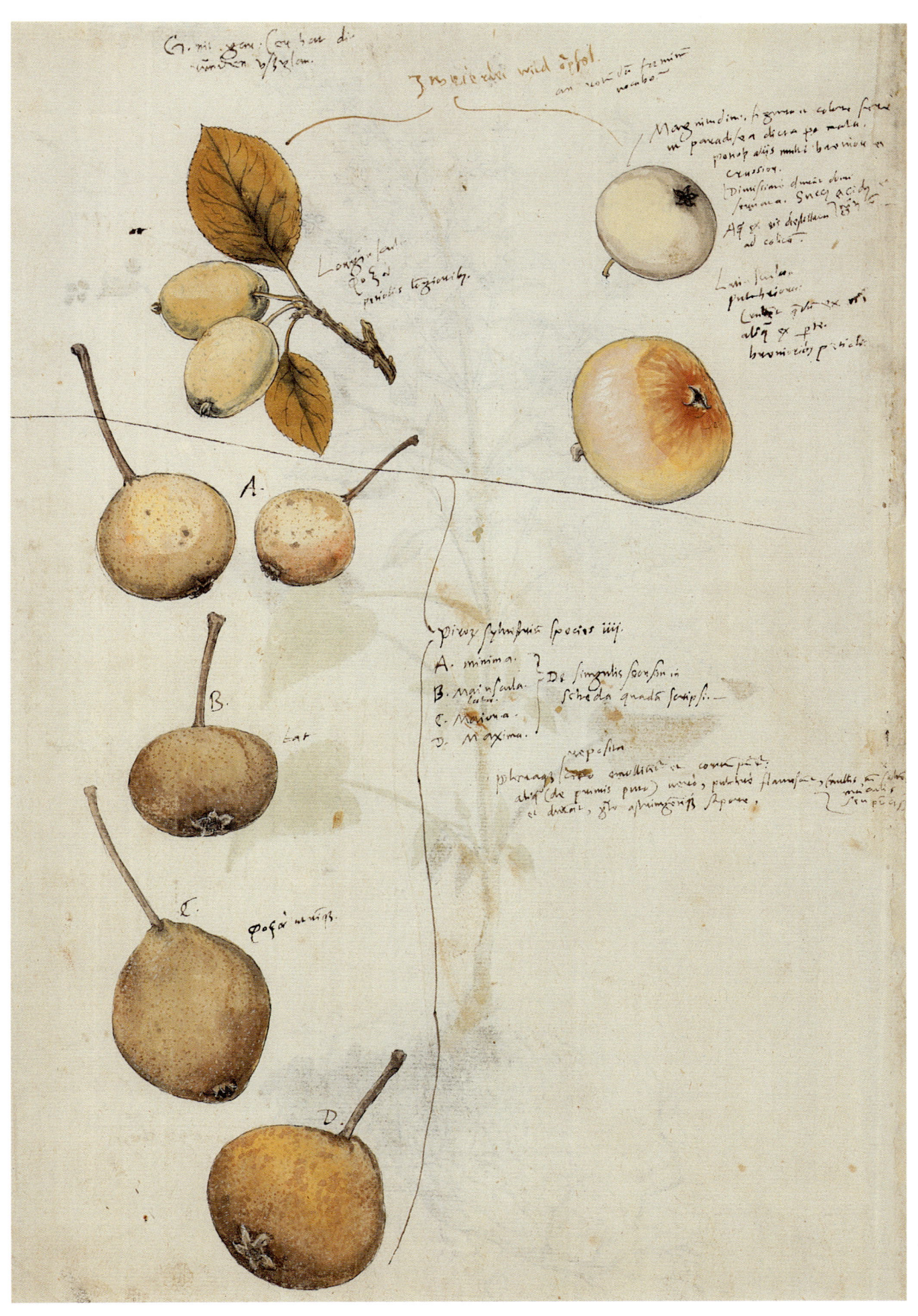

Malus domestica Borkh. und *Pyrus
communis* L., Aquarell, 41 × 24,5 cm,
aus dem botanischen Nachlass
von Conrad Gessner (1516–1565),
Historia Plantarum I, Blatt 8a verso,
Universitätsbibliothek Erlangen

Unter der Frühlingssonne öffnen die steigenden Säfte die Knospen. Die weissen Blüten locken die Bienen an, die nicht nur sagenhaft fleissig, sondern überdies instinktiv klug sind und weder meinen, dass Blütenstaub Blütenstaub ist noch Blütenkelch Blütenkelch. Denn die Befruchtung gelingt einzig und allein, wenn der Blütenstaub vom Baum der einen Sorte in den Blütenkelch am Baum einer andern Sorte geflogen wird. Für eine Hektare Obst sind vier bis fünf Bienenvölker im Einsatz, gegen eine Viertelmillion Bienen.

Sonnenenergie braucht es, damit sich in den grünen Apfelblättern Kohlendioxid aus der Luft und Wasser aus den Wurzeln in Kohlehydrate verwandelt: in Stärke und Zucker. Bei intensiver Bestrahlung produziert ein Quadratmeter Blattoberfläche in einer Stunde ein Gramm Stärke. Zwanzig bis dreissig Blätter benötigt ein Baum für die Reifung eines Apfels. Aus der Tiefe des Bodens führen ihm die Wurzeln Stickstoff zu, Phosphor, Kalium, Kalzium, Magnesium, Bor und Eisen.

Dem immer gleichen Vorgang haben das züchtende Geschick und die kultivierende Geduld weit über zweitausend verschiedene Sorten abgewonnen: von flacher, runder und flach-runder Form, von konischer, rund-konischer, lang-konischer, länglicher und länglich-konischer, farblich in sämtlichen Schattierungen und Verbindungen von Rot, Orange, Grün, Weiss und Gelb, unterschiedlich nach Breite und Höhe, nach Breite und Tiefe der Stielgrube und der Kelchgrube, nach Länge des Stiels und nach Beschaffenheit der Rippe, des Kelchs und seines Blatts und seiner Höhle, des Gefässbündels, der Samen und des Samenfachs, des Kernhauses, der Achse, des Fruchthauses, der Fruchthaut und des Fruchtfleisches. Und verschiedenartig selbstverständlich nach Erntezeit und Haltbarkeit.

Die Sortenbezeichnungen nehmen den Abwechslungsreichtum auf, vom Abbondanza und Aargauer Jubiläum bis zum Zweigelts Zinsahler und dem Züriapfel. Sorten wie Carrara Brusca, Emilia und Meran verbinden uns mit Italien, wie Burgundy, Lille und Normandie mit Frankreich, wie Folkestone und Stonehenge mit Grossbritannien oder wie American Mother, Beverly Hills, Niagara und Philadelphia mit den USA. Mit der geographisch richtigen Herkunft müssen die Benennungen nicht unbedingt zu tun haben.

Von Alice, Caroline und Linda bis Patricia, Rosamund und Violetta finden wir die Namen von Frauen, von Baldwin, Charlot und Clemens bis

Weiss Zürich apffel und Zürich apffel,
Tafel 36 × 23 cm, Zeichnungen
von Johannes Bauhin (1541–1613),
Historia Plantarum Universalis,
3 Bände, Band 1, Yverdon 1650,
Zentralbibliothek Zürich

Edwards, Pedro und Winston jene von Männern. Auf so Weltberühmte wie Bismarck, Joyce, Rubens und Wellington hören Äpfel, aber auch auf Bänziger. Sie wählen andere Früchte zum Vorbild und heissen dann Ananas, Melon, Irish Peach, Lemon Pippin und Swiss Orange, hinter welcher Südfrucht sich aber nur ein eitles Früchtchen verbirgt, das partout nicht gewöhnlich gerufen werden will.

Unter den Sorten ist die Kirche vertreten mit Cardinal und Curé, die Marine mit Admiral und das Heer etwas bescheidener mit Colonel Yate, Sergeant Peggy und dem Grenadier. Wer einen akademischen Beruf ausübt, mag den Doctor Hogg bevorzugen, den Schoolmaster oder den Warden, während auf Gewerbetreibende Baker's Delicious warten, Miller's Seedling und der Commercio. Für Musikfreunde gibt es die Ballerina, die Elektra und den Falstaff. Der Adel greift zum Baron, zur Duchess of Oldenburg, zum Prinz Charles, Kronprinz Rudolf, zur Queen oder vielleicht besonders gierig zum Kaiser Wilhelm und heimlich zur Coronation. Ob Lady Williams und Lord Nelson «not very amused» einem Clochard begegnen? Republikaner wenden sich kopfschüttelnd ab und kauen ihren Minister von Hammerstein, Statesman Red Sport und President Boudewijn.

Wer bis hierher zwischen Ballaststoff und Stickstoff mangels Übersicht nach Leseatem ringen musste und sich zwischen Blütenkelch, Stielgrube, Burgundy und Niagara etwas verloren fühlte, ist nicht selber schuld, sondern hat die Überfülle begriffen und die Klarheit wenigstens in nationaler Dimension verdient:

Einmal mit dem Hinweis auf den Obstlehrpfad in Oeschberg, dreieinhalb Kilometer lang, für eine Fusswanderung und eine Velotour geeignet, bei Koppigen gelegen, halbwegs zwischen Utzenstorf und Wynigen.

Zum andern mit einer Statistik: 1938 zählte der Schweizerische Obstverband 79 Apfelsorten auf, den Aargauer Jubiläum, Bänziger, den Bismarck- und Züriapfel wie bereits erwähnt, die Brugger und Seeländer Reinette, den Berner, Buchser und Muoler Rosen, den Luzerner und Thurgauer Weinapfel, den Baar-, Uster- und Zeienapfel, den Hedinger, Jonathan, Menznauer Jäger und den Stadler Hagapfel, dazu sechzig weitere wie den Fraurotacher, Sauergrauech und Tobiässler, jeden mit der Empfehlung versehen, die Bestände zu belassen, zu vermehren oder zu reduzieren. Das stiess auf keine tauben Ohren. Und war auch nicht die Absicht.

Von Bäum vnd Stauden. LXXVI

Warhafftige Conterfeytunge/
Beschreibung/ Natur vnd eygenschafft der Bäum vnd Stauden.

Apffelbaum/ Pomus. Cap. j.

¶ Name vnd Beschreibung.

Apffelbaum heyßt vff Griechisch Μηλέα, in Lateinischer sprache/ Malus vnd Pomus. Ital. Pome. Gallicè, des pomes. Hispan. Mansanas. Seine frucht wirdt bey den Griechen Μῆλον, vnnd Lateinischen genant Malum vnd Pomum.

Der öpffelbaum geschlecht vnd vnderscheyd ist nicht wol müglich zuerzelen/ Dann jhr seindt mancherley/ welcher vnderscheyd zum teyl auß dem geschmack/ zum theyl auß der gestalt/ vnd auch von den Landen da sie wachsen/ genommen wirt/ Aber in einer sum daruon zureden/ so werden sie getheylt inn zwey geschlecht/ Nemlich/ in zame vnd wilde/ welche mann die sauren holtzöpffel/ vmb jres hannigen vnd bittern geschmacks willen/ nennet. Allerley öpffelbäum haben fast einerley gestalt/ seindt auch gnügsam bekant/ist derhalben vnnötig/ vnderschiedlich sie zubeschreiben. Jhrer etliche werden auffgepflantzt/ etliche werden auff die stämme gepfropffet. Sie wachsen auß jhrem stamme wie andere grosse bäum/ mit vilen ästen/ werden bekleydet mit einer glatten rinden/ welche außwendig graw ist/ zimlich dick/ innwendig wachßgeel/ auß welcher geele farb gemacht wirt/ so mann sie mit wasser vnd Alaun seudt. Die bletter/ welche gegem Winter abfallen/ vnd welck werden/ seindt gemeynigklich rund vnd lang/ nicht gespalten.

N iiij

Apffelbaum, kolorierter Holzschnitt, 32 × 20 cm, aus dem von Adam Lonicer herausgegebenen «Kreuterbuch. Künstliche Conterfeyunge der Bäume, Stauden, Hecken, Kreuter, Getreyde, Gewürtze», Frankfurt am Main 1596, Stiftsbibliothek Einsiedeln.

Die periodisch vorgenommenen Bewertungen der Fachkommission für Obstsortenprüfung vermitteln fundierte wissenschaftliche Ratschläge an die Adresse der Produzenten, damit diese Qualitätsansprüche und Marktreaktionen aufeinander abstimmen können.

Heute sind es 28 Sorten, die auf der Liste der bevorzugten figurieren: unter den Frühsorten, die mitten im Sommer frisch vom Baum kommen, der Klarapfel, die Vista Bella, der Jerseymac, Summerred, Gravensteiner und Primerouge. Im Herbstangebot ab Ende September und anfangs Oktober liegen Berner Rosen, Cox's und Kidd's Orange, Empire, Elstar, Goldparmäne, McIntosh, Rubinette und Spartan.

Am längsten ist das Verzeichnis der Lagersorten mit Arlet, Boskoop, Gala, Glockenapfel, Gloster, Golden und Red Delicious, Granny Smith, Idared, Jonagold, Jonathan, Kanada-Reinette und Maigold.

Nur knapp dreissig Sorten? Es sind dies die beliebtesten, während fünfzig weitere Sorten einen engeren Kreis von Abnehmern finden. Im Obstgarten in Höri bei Bülach, den «Fructus», der Verein zur Förderung alter Obstsorten, naturschützerisch mitbetreut, zeigen 156 Apfelsorten, mit welcher Augenweide und Gaumenfreude die opulente Geschichte aufwartet.

Wenn uns die radikal-rationalen Visionen von Herstellern und Verteilern den internationalen Einheitsapfel Euro- oder Globalpomme – stapelgünstig würfelförmig, schlaghart, hitzebeständig, froststabil, käferfest und wurmabstossend, geschmacksneutral, saftfrei und lippensanft – nicht beschert haben und auf lange Zeit vermutlich und hoffentlich nicht bescheren werden, dann steckt dahinter die stille Revolution einiger Produzenten und zahlreicher Konsumenten, die nicht glauben mochten, dass die Römer und die ihnen nachfolgenden Generationen von Pomologen vergeblich die Veredelungstechnik übten und zur Steigerung der Sinnenfreude nach Vollkommenheit strebten.

Mit gutem und erst noch auf gutem Grund absolvieren die Apfelbäume wie eh und noch heute ihre Baumschule. Dort werden sie veredelt. Die Knospe einer Edelsorte, das sogenannte Auge, wird in den Trieb einer sorgsam ausgewählten Unterlage, das Wurzelwerk mit Stammansatz, eingesetzt. Die Forschung kennt ihre genauen Eigenschaften. Das erlaubt, je nach Klima und Bodenverhältnissen die optimale Sorte mit der optimalen Unterlage zu kombinieren.

Quittenapfel, Aquarell,
37,8 × 27,6 cm, von
Caspar Tobias Zollikofer
(1774 – 1843), Privatbesitz

Der Grafensteiner-Apfel, kolorierter Kupferstich, 17,6 × 9,8 cm, aus dem Werk «Der teutsche Fruchtgarten», Auszug aus Johann Volkmar Sicklers Buch «Der teutsche Obstgärtner» und dem «Allgemeinen teutschen Garten-Magazin», Weimar 1816–1829, Privatbesitz

Es handelt sich aber nicht stets um Neues, sondern oft auch darum, einer alten, bedrohten oder ausgestorbenen der einstmals über 300 einheimischen Apfelsorten wieder zu ihrem Recht zu verhelfen. Daran arbeitet auch «Pro Specie Rara», die Schweizerische Stiftung zur Erhaltung des genetischen und kulturgeschichtlichen Erbes von Tieren und Pflanzen. Sie erstellt ein Inventar alter Sorten, hält sie in eigens angelegten Baumgärten lebendig und macht die Früchte einer wachsenden Gemeinde von Liebhabern zugänglich.

Diese Initiative wird ergänzt mit dem neuen Hochstamm-Label der «Pro Natura» und des Schweizer Vogelschutzes. Damit soll Gegensteuer gegeben werden zu dem seit den fünfziger Jahren anhaltenden Rückgang der hochstämmigen Obstbäume mit dem Verlust der Artenvielfalt und des Lebensraums für bedrohte Vögel wie den Wiedehopf, Kleinspecht oder Gartenrotschwanz.

Mit der Integrierten Produktion wird darauf eine weitere Antwort erteilt. Die erwartete hohe Qualität, vom Markt akzeptierbare Preise und der Umweltschutz verlangen moderne Obstbaumethoden und vorerst eine neue Sichtweise, die den Menschen und seine natürliche Umgebung als Einheit begreift, an der sich die kultivierenden Massnahmen zu orientieren haben. Das beginnt bei der ökologischen Sortenwahl und setzt sich fort mit einer Schädlingsregulierung unter Einbezug der Natur. Die Feinde der schädlichen Insekten, die sogenannten Nützlinge, werden geschont, damit sie zur Schädlingsbekämpfung beitragen können. Der schematische Spritzplan mit seinen chemischen Attacken auf alles, was kreucht und fleucht – die Rote Spinne, den rüsselkäfrigen Apfelblütenstecher, die zwanzigbeinige Apfelsägewespe, die Schorfkonidien – soll der Vergangenheit angehören. Kontrollen sorgen für die Durchsetzung.

Um die Ziele einer qualitätsbewussten und wirtschaftlich sich rechnenden Produktion zu erreichen, gilt es, aus dem Klima die optimalen Schlüsse zu ziehen, das Gedeihen der Früchte genau zu beobachten, das Wachstum nötigenfalls auszugleichen, Schädlinge ökologisch fernzuhalten, den Boden nach neuesten Erkenntnissen zu pflegen und den traditionellen Pflanzenschutz auf ein absolutes Minimum zu beschränken. Zum Zwecke eines stabilen Ökosystems gilt es etwa auch, die genetische Basis der Resistenz zu verbreiten und Mischpflanzungen zu erwägen.

Borsdorffer Apffel, kolorierter Kupferstich, 41 × 26 cm, aus dem von Georg Wolffgang Knorr herausgegebenen «Allgemeinen Blumen-, Kräuter-, Frucht- und Gartenbuch», Teil 2, Nürnberg 1750–1772, Stiftsbibliothek Einsiedeln

Kleiner Api, Fraurothacher und Ananas-Reinette, Farblithos, 23,5 × 32 cm, aus dem Werk «Die schweizerischen Obstsorten» von Gustav Pfau-Schellenberg, hg. vom Schweizerischen Landwirtschaftlichen Verein, 2 Bände, Band 1, St. Gallen und Zürich 1863, Zentralbibliothek Zürich

Im Ergebnis sollen Tafeläpfel angeboten werden, die den Qualitätsanforderungen genügen: jenen der Klasse I, wenn die Äpfel mit den inneren und äusseren Werten den Kriterien entsprechen, jenen der Klasse II, wenn sie äusserlich zwar die letzte Schönheit vermissen lassen, aber innerlich gepflegt und gesund sind.

Da die Redensart «Wer in einen sauren Apfel gebissen hat, dem schmeckt der süsse desto besser» der Käuferin und dem Käufer die Enttäuschung nicht erspart, hilft eine optische Faustregel – jedenfalls denen, die spätestens nach der Lektüre dieses Textes das trockene Kelchblatt korrekt in der Kelchgrube orten und darauf achten können, ob diese breit ist mit weit auseinanderliegenden Kelchhöckern und damit vollausgebaut. Das verspricht einen reichlich mit Zucker, Säure und Aroma gereiften Apfel.

Die über zweitausend Apfelsorten, darunter der in England bereits 1292 erstmals erwähnte Costard, bedeuten kein Ende des Forschens und Experimentierens, im Gegenteil: sie fordern heraus, den steinzeitlichen und wahrscheinlich noch älteren Wildapfel auf eine immer höhere Veredelungsstufe zu bringen und ihn wirtschaftlich noch tauglicher, ernährungswissenschaftlich noch bekömmlicher und kulinarisch noch exquisiter zu interpretieren. Die Frucht der Früchte, obwohl seit Menschengedenken von der Medizin bis zur Mythologie mit sämtlichen positiven Attributen ausgestattet, hat den Zenit der Köstlichkeit allem Anschein nach noch nicht erreicht. Wer schafft diese Krönung, auf dass ein Apfel als das ultimative züchterische Glanzstück einmal diskussionslos Coronation heissen darf?

Mit Ausdauer und Beharrlichkeit suchen auf diese Frage in der Schweiz die Eidgenössischen Forschungsanstalten in Wädenswil und Changins nach gültigen Antworten. Jede einzelne braucht Zeit.

Den Anfang macht die Kreuzung. Mit einem Pinsel werden Pollenkörner einer bestimmten Vatersorte auf die Blütennarbe einer bestimmten Muttersorte übertragen. Im Winter folgt die Aussaat der aus den Äpfeln entfernten Kerne in eine Saatschale. Jeder Kern erbringt einen Sämling, der in die Baumschule verpflanzt wird.

Hier zeigt sich, was er kann. Wächst er gut und ohne Kränklichkeit, so ist er geeignet, auf eine Unterlage aus Wurzeln und Stammansatz veredelt zu werden. Das sich entwickelnde Bäumchen bringt die ersten Früchte fünf Jahre nach der

122

LIEFERUNG VI
LIVRAISON

TAFEL 1
PLANCHE

GOLDPARMÄNE
REINE DES REINETTES

LIEFERUNG VII
LIVRAISON

TAFEL 4
PLANCHE

THURGAUER WEINAPFEL
VINEUSE DE THURGOVIE

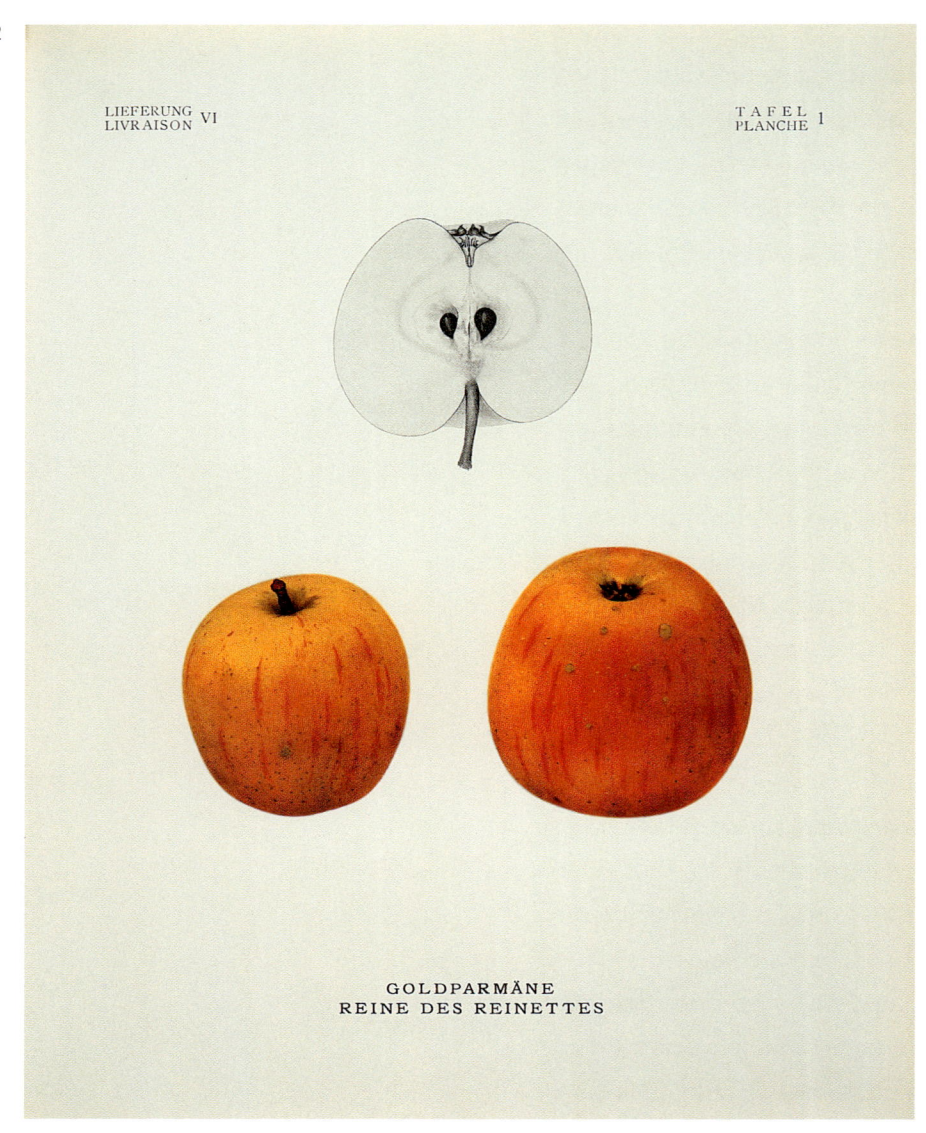

Goldparmäne und Thurgauer Weinapfel, reproduziert nach Farbphotographien, 30,5 × 24 cm, aus dem Buch «Schweizerisches Obstbilderwerk – Pomologie Suisse illustrée» von Theodor Zschokke, hg. vom Schweiz. Obst- und Weinbauverein u.a., Wädenswil 1925, Zentralbibliothek Zürich

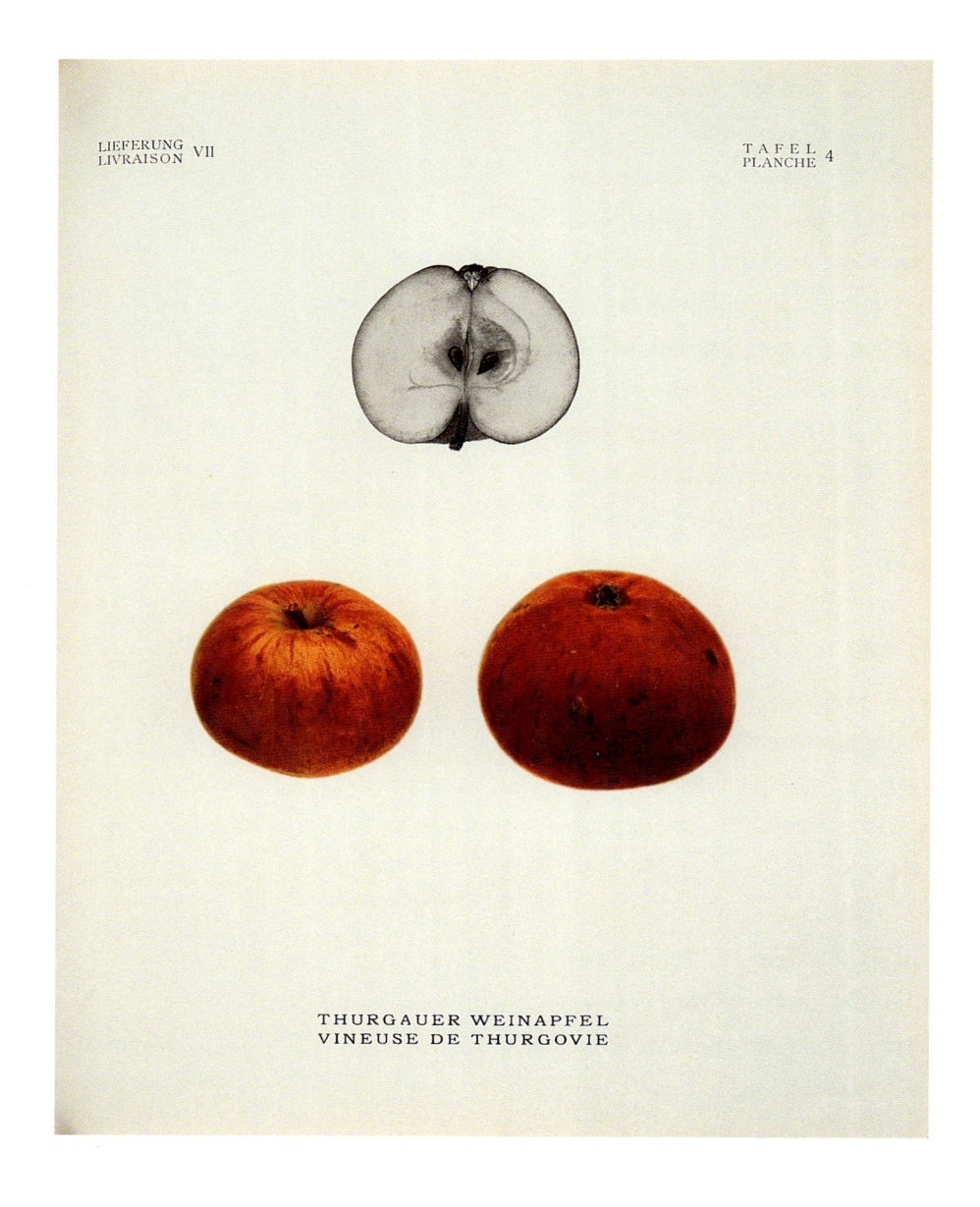

Kreuzung. Im sechsten bis zehnten Jahr wird nach strenger Prüfung und im Vergleich mit bestehenden Sorten klar, ob seine Äpfel den Qualitätsstandard für die Weiterzüchtung aufweisen.

Mit anderen Worten: aus zehntausend Apfelkernen gehen achttausend Sämlinge hervor, dreitausend werden in die Baumschule gepflanzt, aus diesen gehen wiederum sechshundert veredelte Neuzüchtungen, von denen einige wenige grundsätzlich die Voraussetzungen für eine neue Sorte erfüllen, hervor. Aber gerade eine einzige übersteht die weiteren harten Selektionen hinsichtlich der Anbau-, Lager- und Konsumeigenschaften. Wenn sie auf einen wohlklingenden Namen getauft wird, sind seit dem Beginn des Langzeittests zehn bis fünfzehn Jahre vergangen.

Da wundert es nicht, dass wegen einer Züchtung internationale Beziehungen getrübt werden konnten. Neuseeland ertappte im Frühjahr 1997 chinesische Landwirtschaftsexperten, die Triebe von Bäumen der neuen Sorte «Pacific Rose» aus dem Gastland ins Heimatland schmuggeln wollten. Diplomatische Rücksichtnahme verhinderte einen Apfelkrieg.

Friedlich blieb es um den Maigold, 1964 als Sorte benannt, der in Wädenswil aus der Kreuzung von Fraurotacher und Golden Delicious entstanden ist.

Spezialistinnen und Spezialisten tragen dafür die Verantwortung. Aus dem einst nebenher betriebenen Obstbau ist ein veritabler Berufszweig geworden. Die nach dem Zweiten Weltkrieg intensivierte Umstellung vom hochstämmigen Feldobstbau zunächst auf den halbstämmigen und dann auf die Obstkulturen in geschlossenen Anlagen hat auch die Professionalisierung vorangetrieben.

Seit 1965 handelt es sich bei der Obstbäuerin und beim Obstbauern um einen offiziell anerkannten Beruf mit eidgenössischem Fähigkeitsausweis, der nach der dreijährigen Lehre erworben werden kann. Ausgebildeten Landwirten, Winzern, Gemüsebauern und Gemüsegärtnern steht die Möglichkeit offen, eine Aufbaulehre zu absolvieren. Am Ende der weiterführenden Betriebsleiterkurse winkt der Abschluss mit einem Meisterdiplom. Wer sein Wissen in einem dreijährigen Studium vertieft, auf den wartet der Titel eines Ingenieurs HTL. Für Angestellte im Verkauf wird nach dreisemestriger Ausbildung der eidgenössische Fachausweis eines Früchte- und Gemüsespezialisten vergeben.

Diese berufliche Palette schliesst mit einer Lehre von drei Jahren und dem eidgenössischen Fähigkeitsausweis die Getränketechnologen ein, die

Gebrüder Dittmar in Heilbronn (Württemberg.)

Messer-Fabrik, gegründet 1789 durch Georg Dittmar.

Messer, Scheren, Werkzeuge ꝛc.
für Obst- und Gartenbau,
Weinbau und Landwirthschaft.

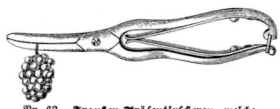

115 Medaillen, Patente und Preise
von Deutschland, Oesterreich, England, Frankreich, Belgien, Amerika etc.

Einzige Medaille für Garten-Geräthe bei der Ausstellung in London 1862.

In dem amtlichen Bericht der Pariser Ausstellung heißt es unter Anderem:

„Noch ist zu erwähnen, als zur Gartenkultur gehörig, die von Keinem übertroffene Ausstellung der Gartenmesser, Baumsägen ꝛc. von Gebrüder Dittmar in Heilbronn."

Nr. 70. **Blumen-Präsentirscheren**, welche die Blumen abschneiden und zugleich festhalten. ℳ 1.40. ℳ 2.20. ℳ 2.60.

Nr. 63. **Trauben-Präsentirscheren**, welche die Trauben abschneiden und zugleich festhalten ℳ 2.60. ℳ 4.70.

Seit einer langen Reihe von Jahren beschäftigen wir uns mit der Anfertigung nachstehender Instrumente und Geräthe und verwenden auf deren möglichste Verbesserung alle Aufmerksamkeit, indem uns dabei die Ueberzeugung leitet, daß alle Arbeiten — so auch diejenigen des Obst- und Gartenbaues ꝛc. — um so leichter von Statten gehen und desto vollkommener werden, je zweckdienlicher die Werkzeuge sind, welche dabei in Anwendung kommen. Unsere Garten-Geräthe sind theils eigene Construktion, theils fertigen wir dieselben nach den neuesten praktischen Mustern; bei der Form eines jeden Werkzeugs ist besonders auch auf die sichere und bequeme Handhabung Bedacht genommen.

Baum- oder Garten-Messer
(die mittelgroßen sind die beliebtesten).

Unsere Gartenmesser sind aus bestem Stahl gefertigt und zeichnen sich durch ihre scharfe, dauerhafte Schneide aus. Sie unterscheiden sich ferner von den sonst vielfach üblichen durch ihre bequemen Griffe und durch ihre leicht gebogene Klinge, wodurch sie sanfter schneiden, während nie mehr reißen.

Nr. 1. **Baum- oder Garten-Messer**, auch **Hippe** oder **Hape** genannt,
Nr. 1. klein ℳ 2., ohne Beschläg ℳ 1.50.
Nr. 1. mittel ℳ 2.30., ohne Beschläg ℳ 1.80.
Nr. 1. groß ℳ 2.60., ohne Beschläg ℳ 2.10.
mittle Qualität 75 Pf. 90 Pf. ℳ 1.20.
für Damen und Kinder 60 Pf. 95 Pf. ℳ 1.45.

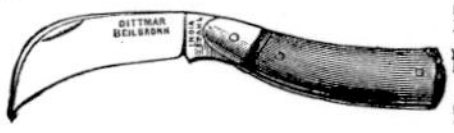

Nr. 2. **Gartenmesser** klein ℳ 2.40., mittelgroß ℳ 2.70., groß ℳ 3.

Nr. 5. **Gartenmesser**, Heft nach der innern Hand geformt, daher sehr bequem ℳ 2.80., mit Beschläg ℳ 3.25.

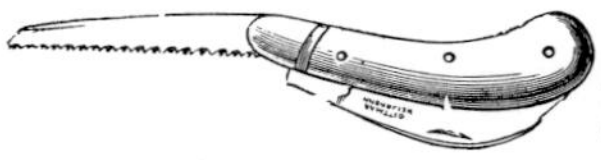

Nr. 3. **Gartenmesser** mit **Säge** ℳ 4.

Nr. 7. **Gartenmesser** mit **Säge** ℳ 2.50.
Nr. 7. mit Oculirmesser und Veredlungsmesser ℳ 2.90.
Nr. 7. mit Säge und Oculirmesser ℳ 3.20.

Nr. 73. **Rebhippe** oder **Gartenmesser** nicht zum Zumachen 70 Pf., feine 90 Pf.

Nr. 48. **Ast- und Raupen-Schere**, auf eine Stange zu befestigen, um Zweige, Raupennester ꝛc. **in der Höhe abzuschneiden**

(die Schneide wird mit einer Schnur oder Kordel in Bewegung gesetzt), je nach Qualität ℳ 1.90. ℳ 2.80. ℳ 3.70. ℳ 4.60., besonders starke ℳ 5.40.

Nr. 49. **Raupenschere**, welche das Raupennest beim Abschneiden zugleich festhält, damit die Raupen nicht in die andern Zweige fallen. ℳ 6.70.

Nr. 25. **Copulir-** oder **Veredlungsschere**, womit der wilde Zweig und das Edelreis, jedes durch Einen Druck, genau auf einander passend geschnitten werden ℳ 7.

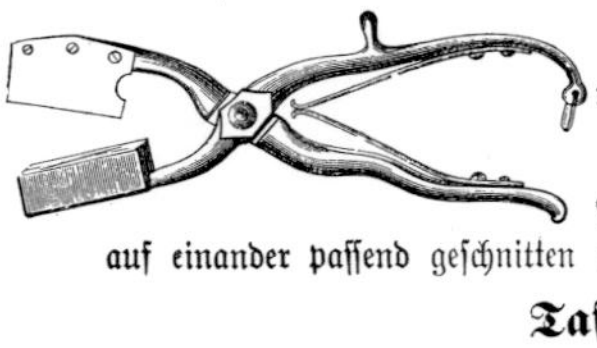

Baumscheren,
Weinbauscheren, Traubenscheren ꝛc.
zum Beschneiden der Bäume, Reben, Rosen, Beerensträucher, Gehölze etc., für viele Arbeiten dem Messer oder der Hippe vorzuziehen.

Nachstehende Scheren, vom besten Stahl gefertigt, sind besonders zu empfehlen wegen ihrer praktischen Construktion, ihres zarten, reinen Schnittes und weil mit denselben schnell und leicht gearbeitet wird.

Schneidet **schief**, also in dieser Richtung, da solches viel leichter geht, als der senkrechte Schnitt.

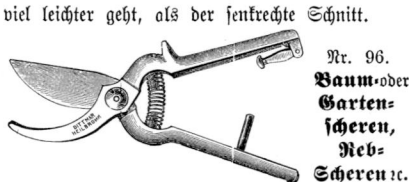

Nr. 96. **Baum- oder Gartenscheren, Reb-Scheren ꝛc.**
ℳ 3. ℳ 4. ℳ 5., größte ℳ 6., mittle Qualität ℳ 1.30. ℳ 2. ℳ 2.80.

Nr. 206. auf eine Stange zu stecken, um Zweige in der Höhe abzuschneiden, ℳ 4.80.
Reserve-Federn zu Nr. 96 ꝛc. 10 Pf.
Weinbau-Scheren zu den gleichen Preisen.
Nr. 33. **Baumschere** mit 80 Centimeter langen hölzernen Griffen ℳ 10.

Nr. 121. **Pflanzenscheren** ℳ 2.70. ℳ 2.90. ℳ 4.50. sehr kleine, niedliche für Damen ℳ 3.70.

Nr. 26. **Pflanzenscheren** ℳ 2.30. ℳ 3.20.

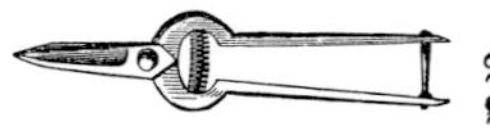

Blumenscheren, Traubenscheren, Bouquetscheren 50 Pf. ℳ 1., spitzige 80 Pf. ℳ 1.20.
Beeren-Scheren für faule Trauben ℳ 1.10.

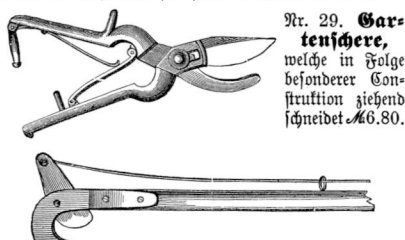

Nr. 29. **Gartenscheren**, welche in Folge besonderer Construktion ziehend schneidet ℳ 6.80.

Nr. 205. **Stangen-Schere**, amerikanische Art, um Zweige in der Höhe abzuschneiden, ℳ 7.

Oculir- & Veredlungs-Messer,
Pfropf- oder Copulirmesser.
(Nr. 10, 11 und 14 sind die beliebtesten.)

Die Oculir- und Veredlungsmesser ꝛc. sind, wie die andern Gartengeräthe, von neueren, sehr zweckentsprechenden Formen; auch verdient die ausgezeichnet feine Schneide dieser Messer besondere Erwähnung.

Nr. 10. **Oculirmesser**, Spreize von Elfenbein ℳ 1.20., Nr. 10. mit Beschläg ℳ 1.60.

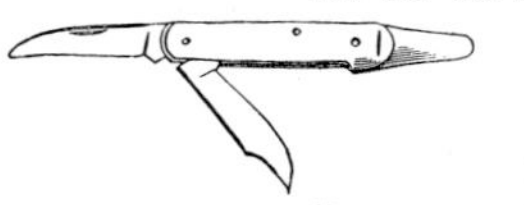

Nr. 11. **Oculirmesser** mit Veredlungs-Messer ℳ 1.70.
Nr. 11. mit Beschläg ℳ 2.10.

Nr. 12. **Veredlungsmesser** wie vorstehendes, jedoch mit nur 1 geraden Klinge ℳ 1.25.

Nr. 13. **Oculirmesser**, englische Form ℳ 1.30.
Nr. 13. in Elfenbein ℳ 2.60. 
Nr. 203. franz. Form ℳ 1.58. Nr. 203. in Elfenbein ℳ 3.50.

Nr. 14. **Pfropf-** oder **Veredlungsmesser**, belgische Form ℳ 1.55.
Nr. 14. in Elfenbein ℳ 3.40.

Nr. 15. **Veredlungsmesser** ℳ 1.40.
Nr. 15. mit Beschläg ℳ 1.80.

Nr. 122. **Veredlungsmesser** mit 2 beweglichen Klingen, deren oberer Theil als Spreize dient ℳ 1.50.

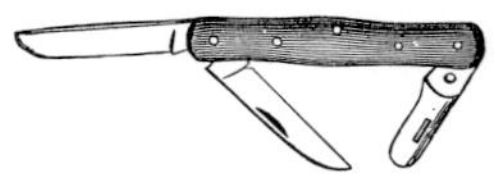

Nr. 194. **Oculir- und Veredlungsmesser**, das Beinchen zum Zumachen ℳ 2.12., ohne Veredlungsmesser ℳ 1.56.

Nr. 195. **Oculirmesser**, nach Coers, mit Veredlungsmesser ℳ 1.65., mit Beschläg ℳ 2.30. (Der obere Theil der einen Klinge dient als Spreize.)
Nr. 195. größer mit nur 1 gebogenen Klinge, Rücken dient als Spreize ℳ 1.45.

Nr. 211. **Oculirmesser** mit Schiebring zum Feststellen, für Hochstamm-Veredlung ℳ 1.48.
Nr. 211. ähnlich, für Wurzel-Veredlung ℳ 1.46.

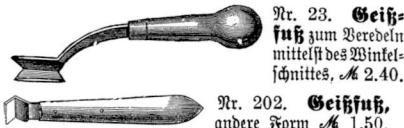

Nr. 23. **Geißfuß** zum Veredeln mittelst des Winkelschnittes. ℳ 2.40.

Nr. 202. **Geißfuß**, andere Form ℳ 1.50.
Schärfstein für den Geißfuß 60 Pf.

Taschen-Messer mit Käthchen von Heilbronn, in Aluminium ℳ 1.25.

Auf Wunsch wird Auswahl versandt; Rücksendung binnen 3 Wochen.

Zahlung in 3 Monaten. — Nachnahme nur auf Wunsch.

Was n i c h t gefällt, wird innerhalb 3 Wochen zurückgenommen.

Abdruck von Zeugnissen über die Güte unserer Messer steht gratis zu Diensten.

Reklameblatt der Messerfabrik Gebrüder Dittmar, Heilbronn, um 1870, 45 × 27 cm, Museum der Kulturen Basel

ebenfalls das Meisterdiplom erwerben und sich in der Fachrichtung Obstverwertung und Weinbereitung während eines dreijährigen Studiums als Ingenieure HTL vervollkommnen können.

Die Eidgenössische Alkoholverwaltung, die Schweizerische Zentrale für Obstbau in Oeschberg, die Kantonalen Zentralstellen für Obstbau, das Bundesamt für Landwirtschaft, die Eidgenössischen Forschungsanstalten für Obst-, Wein- und Gartenbau Wädenswil und Changins und der Schweizerische Obstverband in Zug setzen eine pomologische Tradition fort, die der Berner Daniel Rhagor (1577 bis 1648) begründete als Förderer des Obst- und Rebbaus und als Autor des «Pflantz-Garts», des ersten in deutscher Sprache verfassten Obstsortenverzeichnisses. Solche Publikationen folgten Mitte des 19. Jahrhunderts zuerst für den Kanton Zürich und kurz darauf für die gesamte Schweiz. Unter der Aufsicht der Eidgenössischen Pomologischen Kommission und herausgegeben vom Schweizerischen Landwirtschaftlichen Verein erschienen ab 1863 die beiden Bände «Schweizerische Obstsorten» mit naturgetreuen Farbdrucken.

Einem Apfel ist es erstaunlicherweise fast gelungen, nicht ganz, aber beinahe, dem pomologischen Erfindungsgeist mit seinem bienenfleissigen und gleichzeitig engelsgeduldigen Tatendrang zu entkommen: dem Holzapfel. Süsse zeichnet ihn nicht aus; zum Festschmaus bringt er es nie. Kulinarisch gelang die Flucht, ästhetisch aber nicht. Denn an den Holzapfelbäumen hängen nach den füllligen Blüten kleine, farbenprächtige Früchte, jedem Park und jedem Garten eine herbstliche Zierde und darum von Liebhabern wie ein Augapfel gehütet.

Ob diesen Stolz Jean-Jacques Rousseau verstehen könnte? Er merkte in den zwischen 1771 und 1774 geschriebenen botanischen «Lehrbriefen für eine Freundin» kritisch an:

«Säen Sie nur einmal einen Apfel- oder Birnenkern, und sei es von der besten Sorte! Glauben Sie mir, es werden nur Wildlinge wachsen. Um die echte, ursprüngliche Birne, um den echten Apfel kennenzulernen, müssen wir also nicht in unseren Obstgärten nachschauen, sondern wir müssen in unsere Wälder gehen. Die Bäume sind kräftiger, widerstandsfähiger; die Frucht ist kleiner, weniger saftig und hat viel mehr und grössere Samen.»

Das

Auge

Buddhas

Wo schlägt die Medizin in den Zauber um, wo die Magie in die Scharlatanerie? Kann der ernste Glaube unversehens zum lächerlichen Aberglauben wechseln? Wie schnell artet die Hoffnung aufs Glück in die verrückte Beschwörung des Schicksals aus? Der Apfel bietet reichlich Gelegenheit, sich an den Kopf zu greifen und solche Fragen zu stellen. Die Antworten fallen denen am leichtesten, die süsse Äpfel essen, fördern doch diese die Intelligenz. Und wenn daran etwas Zutreffendes ist? Liegt hier eine weitere, ausserliterarische Form der Süsse vor, «die sich erst verdichtet»? Sollen deshalb die besserwisserischen Zweifler demonstrativ in den sauren Apfel beissen? In sämtlichen Richtungen liessen sich Macht und Magie des Apfels bis zur Absurdität steigern. Der umgekehrte Vorgang verspricht den gleichen, wenn nicht gar den stärkeren Reiz: den Kern der Wahrheit suchen, der ja irgendwo versteckt sein könnte. Wer weiss!

Die Fasnachtskonfetti sind die leichtesten, handlichsten und preisgünstigsten Äpfel. Doch der Reihe nach!

Die Engländer haben es auf den Punkt gebracht. Den Amerikanern war es vorbehalten, daraus Kapital zu schlagen. Auf den Britischen Inseln gilt

«An apple a day keeps the doctor away».

Das reimt sich und wird von der Medizin selbstlos bestätigt, dass der tägliche Apfel für Wohlbefinden sorgt und für leere Wartezimmer. Er könnte, regelmässig gegessen, die Kostenbombe im Gesundheitswesen entschärfen. Und was wäre leichter, als den Pausenapfel beizubehalten, nötigenfalls wieder einzuführen und auch nach beendigter Schulzeit aus guter Gewohnheit zu essen? Freilich, worauf noch einzugehen sein wird, nicht zu jeder Zeit und nicht an jedem Tag. Gleichwohl ist die Folgerung erlaubt, dass ein höherer Apfelkonsum höhere Gesundheitskosten ersparen würde – oder sagen wir doch: könnte.

Noch einfacher und materiell berechnend sehen es die Amerikaner mit ihrem Ratschlag

«Dream of apples and you'll do well in business».

Wenn sich der Apfeltraum einstellt, ist der sichere Geschäftserfolg nur noch eine süsse Frage der kurzen Zeit bis zum Aufwachen. Offen bleibt lediglich, wie wir den Apfel unfehlbar in unsere Traumwelt bringen. Jede Anstrengung lohnt sich. Denn was uns von den USA als Segensreiches prophezeit wird, nimmt die Tradition uralter Sagen auf.

In der heiligen Nacht blühen Apfelbäume und tragen sofort Früchte. Wer sich darunter stellt, sieht den offenen Himmel.

Das Wunder des Apfelbaums wird sich um so eher erfüllen, als der Apfelbaum selber magisch beschworen worden ist. Es wachsen an ihm die Früchte in Überfülle, wenn er am Karsamstag beim Glorialäuten oder am 25. März vor Sonnenaufgang geschüttelt wird. Die aufwendigere Alternative besteht darin, ein junges totes Schaf ins Geäst zu legen. Die alsdann reiche Ernte erleichtert es, zwei Äpfel für den Baumgeist hängen zu lassen. Trägt der Baum zum ersten Mal, empfiehlt es sich, ihn nicht zu pflücken, sondern zu warten, bis die Früchte in die Wiese oder auf den Acker fallen. Sie sind in einem grossen Korb, auch wenn es sich bloss um ein einziges Exemplar handelt, nach Hause zu bringen.

Die Mühe des Schüttelns vor Ostern oder im Morgengrauen vor der aufgehenden Sonne kann

Priapus, mit Ähren, Äpfeln, Birnen u.a., römische Bronzestatuette, Höhe 8 cm, Historisches Museum Baden

Wollstickerei aus der Ostschweiz
mit drei Szenen aus der Geschichte
und Legende des Königs Salomo,
Apfelrätsel, um 1535, 210 × 101 cm,
Schweizerisches Landesmuseum
Zürich

sich schenken, wer am heiligen Abend nicht einfach gebannt unter dem Apfelbaum den offenen Himmel bestaunt, sondern die Kerne der an Weihnachten gegessenen Äpfel in den Garten pflanzt. Ohne Veredelung reift das herrlichste Obst heran.

Das allenfalls Versäumte kann nachgeholt werden, indem der Apfelbaum im Neumond gepfropft wird. Der bevorstehende Erntesegen kann am 24. Juni, an Johanni, abgeschätzt werden: hängen drei Äpfel unter den Zweigen, dann wird deren Last immer schwerer und schwerer. Im Heumonat Juli müssen es bereits fünf Äpfel sein, um mit einem vollen Keller rechnen zu dürfen.

Die Fruchtbarkeit überträgt sich auf den Menschen. Darum wohl erhielt die Verlobte von ihrem künftigen Mann einen Apfel. Gibt es in einem Jahr viele Äpfel, werden im nächsten viele Buben geboren. Isst die Frau während der Schwangerschaft häufig Äpfel, vergrössert sich die Schönheit ihrer Kinder – sofern das Obst nicht auf einen Weissdornstamm gepfropft worden war. Die Schmerzen bei der Entbindung verringern sich, wenn die Braut hinter dem Altar einen Apfel zwischen sich und ihren Gürtel gleiten lässt. Wird das erste Badewasser des Neugeborenen unter einen Apfelbaum geschüttet, wächst das Kind in Schönheit heran. Es zahnt ohne Probleme, wenn die Mutter zur Mitternachtsmesse einen Apfel mitnimmt und ihn auf dem Heimweg isst.

All diese abergläubischen Bräuche, so umständlich sie uns auch dünken mögen, sind von stupender Simplizität im Vergleich mit dem die Liebe stimulierenden «Goldapfeln»: Am heiligen Abend wird nach dem Vaterunser-Gebet ein zuvor auf den Boden geworfener Apfel mit dem linken Fuss rückwärts in den nächsten Bach geschleudert. Um Mitternacht wird er gesucht und herausgefischt, was spätestens bis um ein Uhr gelingen muss, um sich dann unverzüglich unter die Dachtraufe des eigenen Hauses zu begeben, soll das Wasser im besagten Flüsslein trinkbar bleiben.

Bei allem bisherigen Abplagen unter dem winterlichen Sternenhimmel geht es jedoch nicht ums kühle und keimfreie Nass, sondern um die ehrenhafte Sicherung der Generationenfolge, nämlich darum, die eigene Tochter oder die eigenen Töchter für die Burschen begehrlich zu machen, indem der aus dem Bach gerettete Apfel mit Salz und Brot in verborgenen Winkeln versteckt wird, wo er sich bis zum Tagesanbruch in einen goldenen, stecknadelkleinen Apfel verwandelt, der das Mädchen-

Wilhelm Gimmi (1886–1965),
Äpfel auf Tisch, 1910,
Öl auf Leinwand, 46 × 55 cm,
Privatbesitz

Giovanni Giacometti
(1868–1933), *Äpfel*, um 1914,
Öl auf Karton, 26 × 26 cm,
Privatbesitz

haar so verlockend ziert, dass es das virile Liebesgefühl wärmt und entflammt.

Die kopfverdrehenden Mädchen könnten genau wissen, wessen Herz jauchzt und springt, hätten sie an Weihnachten, Silvester oder Neujahr die in einem Stück geschälte Apfelhaut über die Schulter derart hinter sich geworfen, dass sie am Boden den Anfangsbuchstaben des Zukünftigen zeigt. Dieser verrät sich auch zweifelsfrei, wenn die junge Frau in der Thomasnacht nackt ins Bett liegt, dreimal in nicht irgendeinen, sondern in einen erbettelten Apfel beisst und ihre Sehnsucht beschwört. Auf jene, die nicht gerne unbekleidet allein unter die Decke schlüpfen, wartet als Variante, am Weihnachtsabend beim vor- und rückwärts gebeteten Vaterunser einen Apfel, ohne ihn mit der blossen Hand zu berühren, mit dem Messerrücken zu zerteilen, die linke Hälfte unters Mieder und die rechte hinter die Türe zu legen, wo dann zur Geisterstunde der Schatz aufwartet. Ob er auch der Gemahl wird, ist ohne weiteres zu beantworten mit einem Stecken, der auf einen Apfelbaum geworfen wird: bleibt er dort beim dritten Mal hängen, entwickelt sich die Liebschaft zur Hochzeit.

Um uns ob dieser Bräuche mit ihren garantierten, prächtigen Prophezeiungen nicht übermütig werden zu lassen, auch ob der Tatsache nicht, dass aus dem Apfelbaum mit Vorzug die Wünschelrute geschnitten wurde, besitzt der Apfel auch seine beklemmenden Bedeutungen. Wer von ihm an Weihnachten, Neujahr oder am Bettag vor dem Gottesdienst zehrt, wird mit Geschwüren bestraft. Der Sterbende soll keinen Apfel essen, um der ewigen Verdammnis zu entgehen. Hexen tanzen freitags unter Apfelbäumen und ersinnen dort ihre zauberischen Sprüche. Furchterregend singt die böse Königin im «Schneewittchen» das «Spiegel»-Lied:

«Spiegel, Spiegel an der Wand:
Ich bin die Schönste im ganzen Land!
Ich schnür Schneewittchen bis zum Tod –
Mit meinem Kamm bring ich ihr Not –
An einem Apfel soll sie sterben –
Die Schönheit will ich ihr verderben.»

Aufatmend vergnügt werden wir wieder, wenn das schöne und fleissige, von der Stiefmutter gequälte Mädchen in «Frau Holle» reich und glücklich nach Hause findet, nachdem es einen Apfelbaum geschüttelt hat.

Im Märchen spielt der Apfel auch eine wichtige Rolle zur Geschlechtererkennung. Der als Frau

Aimé Barraud (1902–1954),
Kermesse à La Chaux-de-Fonds,
Öl auf Leinwand, 92 × 73,5 cm,
Privatbesitz

Calville Blanche, Kupferstich, Aubriet del., Poletnich Sculp., 23,5 × 19,5 cm, aus dem von Henri Louis Duhamel du Monceau herausgegebenen «Traité des arbres fruitiers», 2 Bände, Band 1, Paris 1768, Zentralbibliothek Zürich

verkleidete Mann verrät sich, weil er einen dargereichten Apfel sofort anbeisst, die als Mann verkleidete Frau, weil sie ihn zuerst abwischt. Mädchen sammeln die Äpfel züchtig in ihr Kopf- oder Halstuch, die Knaben ungenierlich ins hochgehobene Hemd.

Der Freund im Märchen offenbart seinen Charakter mit der Art, wie er einen Apfel teilt und die Stücke an die Anwesenden verschenkt: geizig oder grosszügig. Die Märchenkönige regeln ihre Nachfolge, indem der Sohn, der den Apfel am weitesten wirft oder einen goldenen Apfel vom Dach herunterholen kann, die Krone erbt.

Die bis in die Antike zurückreichende Apfelprobe entscheidet gerichtlich über die Schuldfähigkeit oder -unfähigkeit eines Kindes. Wählt es nach einer schlimmen Übeltat den ihm als alltägliches Nahrungsmittel vertrauten Apfel und nicht eine wertvolle Münze, beweist es seine kindliche Arglosigkeit, die vor Strafe schützt.

Das Märchen verbindet den Apfel mit Liebe, Schönheit, Fruchtbarkeit und Heilung. Genauso liegen im Wirkungsbereich des Apfels Irrsinn und Tod und gegenteilig die ewige Jugend und die Unsterblichkeit. Was die Menschen bewegt, sie hoffen lässt und ängstigt, verkörpert der Apfel, und zwar in der griechischen und germanischen Kultur wie in der christlichen und jüdischen.

Der Apfel kehrt immer wieder in den schweizerischen Märchen, Sagen und Sennengeschichten. In dieser Form der Überlieferung finden wir «Drei goldene Äpfel» im Unterwallis, Bündnerland und Tessin. Dort stossen wir in der «Bösen Stiefmuter» auf einen Apfelbaum, im «Der Teufel im Thurgau» auf ein Mostfass. In der Schächentaler Sage «Der Apfel» macht diese Frucht nicht nur einen jungen Burschen liebestoll, sondern auch eine Sau.

In einem Reich zwischen dem Beängstigenden, Dämonischen und dem Geheuerlichen, Glückseligen, dem Seltsamen und Wunderbaren, lebt das Volk der Mundlosen. Beim Wasserfall, den der Ganges beim Paradiesberg bildet, ernährt es sich vom Duft der dort wachsenden Äpfel und Kräuter.

Die magische Kraft des Apfels ist in seinem Innern symbolisiert. Schneiden wir die Frucht horizontal in zwei Hälften, erkennen wir in ihrer Mitte einen fünfzackigen Stern. Dieses Pentagramm veranschaulicht mit Kopf, seitlich ausgestreckten Armen und gespreizten Beinen die Gestalt des Menschen. Führen wir den Schnitt in der Vertikalen aus, können wir zwei sich annähernd überschneidende Kreise sehen und auslegen einerseits als

Aimé Barraud (1902–1954),
Stilleben. Hut und Äpfel,
Öl auf Leinwand, 50 × 50 cm,
Privatbesitz

MULTOS EXSUPERARE POTES.

Nil juvat arboribus crudos decerpere fructus: At sat opima tui messis honoris erit.

Was hilfft manchen, daß Er abbricht
Von Baumen Frücht, so zeitig nicht.

Die reiche Ernd der Ehren dein,
Wird dir gnug überflüssig sein.

Daniel Meissner (1585–1625),
Kaiserstuhl von Norden, um 1624,
kolorierter Kupferstich,
7,2 × 14,5 cm, aus «Thesaurus
Philo-Politicus/Politisches
Schatzkästlein» von M. Merian,
Frankfurt am Main 1624–1632,
Staatsarchiv des Kantons Aargau

das weibliche Geschlechtsorgan und anderseits als das dritte Auge auf der Stirne Buddhas.

Der Schritt ist ein kleiner – gedanklich nachvollziehbar, wenn letztlich auch nicht rational begründbar –, die Magie des Apfels in zwei verschiedenen Richtungen segensreich zu machen: als Talisman bis zum Herrschaftssymbol und in der Volksmedizin. Er verkörpert die Jugend und mit ihr die Unsterblichkeit, das sich erneuernde und ewige Leben. Der tiefe Glaube an diese Symbolik setzt als Gegenteil das Wissen um die menschliche Hinfälligkeit und den Tod voraus.

In fast allen europäischen Ländern begegnen wir dem zum Juwel ausgestalteten Reichsapfel. Zusammen mit Diadem, Stab und Zepter taucht er in der Spätantike als Sinnbild der Macht auf. Kosmos und Erde wurden damals bereits als Kugel aufgefasst. Der weltliche Herrscher – und auch Jesus als der Sohn Gottes – mit dem Apfel in der Hand, die riesige Welt mit schmalen Fingern umfassend, diese wahrhaftig beherrschend und sich zu eigen gemacht, ergaben ein suggestives, einprägsames Bild.

Die Welt als Apfel dargestellt und im Apfel aufgehoben, verleiht der Frucht und ihrem Baum in der volksmedizinischen Vorstellung wiederum heilende Wunderkraft.

Der beschworene Apfelbaum hilft gegen Schwindsucht, Gicht und Zahnweh, der zweigeteilte Apfel, als Reibstück verwendet und wieder zusammengefügt unter der Dachtraufe vergraben gegen Zahnweh und Hühneraugen, die mit Pfefferkörnern gespickte Frucht gegen Fieber. Ein geschälter, gegen die Fliege geraffelter Apfel lässt bei Übelkeit erbrechen, während ein gegen den Stiel geraffelter stopft.

Einigermassen Plausibles wie Quacksalberisches verspricht im Volksglauben Unheil oder Heil: Wer sich die Haare abschneiden lässt und diese unachtsam verstreut, leidet nachher unter Kopfweh; Haare jedoch, die unter einem süssen Apfelbaum verscharrt werden, kräftigen das Gedächtnis. Die gleiche Prozedur soll auch die Glatzenbildung verhindern.

Apfelwunder und -strafe sind vereinigt in einer Legende aus dem aargauischen Sarmenstorf, wo ein Einsiedler mit seinem zügellosen Lebenswandel einerseits die Bevölkerung entzückte und anderseits die Obrigkeit so sehr ärgerte, dass sie den listigen Haigeli aus Schwaben des Landes verweisen wollte. Als Zeugnis seiner Ehrlichkeit verkündete er, dass mitten im Winter ein Apfelbaum vor

Wärmeapfel, Messing, 16. Jh., Durchmesser 11 cm, Historisches Museum Basel

Ferdinand Gehr (1896–1996),
Apfelzweig, 1983, Aquarell,
42 × 60,5 cm, Privatbesitz

der Wendelinskapelle grüne Blätter tragen werde. Das Zeichen geschah, worauf der Pfarrer den Baum im Morgengrauen heimlich fällen und spurlos wegschaffen liess. Der Eremit, seines Beweises beraubt, musste den Aargau verlassen. Dem sägenden Übeltäter entzündeten sich dafür schmerzhaft die Augenlider.

Als das Alka-Seltzer noch nicht erhältlich war, zeitigte ein morgens gegessener saurer Apfel und ein darauf getrunkener frischer Schluck Wasser die gleiche ernüchternde Wirkung. Säufer, die sowohl diese Prozedur als auch süsse, die Intelligenz fördernde Äpfel verabscheuten, konnten mit einem Apfel, den ein Sterbender in der Hand gehalten hatte, geheilt werden. Gegen unkeusche Gelüste genügte appetitlich ein Apfel als Bettmümpfeli.

Ob wir unseren Organismus entgiften, Verhärtungen lösen und sich Geschwüre zurückbilden, wenn wir einen Apfelzweig halten oder einen Apfelbaum umfangen? Die Grenzen zwischen Aberglaube und einwandfrei nachprüfbarer Gewissheit, zwischen zauberischer, auch scharlatanerischer Volksmedizin und seriöser medizinischer Überzeugung sind fliessend.

Es war die benediktinische Klostergründerin und erste deutsche Mystikerin, Hildegard von Bingen (1098 bis 1179), die mit ihren Naturbeschreibungen aus ärztlicher Sicht eine Brücke schlug zwischen Volksheilkunde und medizinischen Behandlungsmethoden. In ihrer «Physica», dem «Buch von dem inneren Wesen der verschiedenen Naturen der Geschöpfe», empfiehlt Hildegard von Bingen den Saft von im Frühjahr gepflückten Apfelbaumblättern, vermengt mit dem Saft aus der Rebe, gegen Augentrübung.

«Und zur Frühlingszeit, wenn schon die Blüten hervorspriessen, nimm Erde, die sich um die Wurzel des genannten Baumes befindet, und wärme sie am Feuer, und wenn jemand in den Schultern oder in den Lenden oder im Bauch Schmerzen hat, dann lege das Warme auf den Ort, wo es schmerzt, und er wird sich besser finden.»

Nach Hildegard sind rohe Äpfel gesunden Menschen bekömmlich, nicht jedoch den Kranken:

«Aber die gekochten und gebratenen sind sowohl für die Kranken aus auch für die Gesunden gut. Aber wenn sie alt und runzlig werden, wie es im Winter geschieht, dann sind sie roh für Kranke und Gesunde gut zu essen.»

Äpfel gelten in der Volksmedizin als harntreibend und deshalb heilend bei Rheuma, Gicht und Erkrankungen der Blase und Nieren. Tee aus Apfel-

oben
Raymond Buchs (1878–1958),
Nature morte (pommes et théière),
um 1913, Aquarell, 38 × 56 cm,
Musée d'art et d'histoire
Fribourg

unten
Maria La Roche (1870–1952),
*Stilleben mit Weinglas, Teetasse
und Apfel*, Aquarell auf Papier,
15 × 22 cm, Privatbesitz

schalen regt die Blase an und beruhigt die Nerven. Apfelblütenwasser war seit jeher ein Schönheitsmittel. Eine aufs Gesicht gelegte Maske aus Apfelbrei und Rosenblütenwasser kräftigt und reinigt die Haut.

Jedenfalls: Hinter dem «apple a day keeps the doctor away» steht die Erkenntnis, dass der Apfel die gesündeste aller Früchte ist. Auch wer ihn kiloweise verspeist, schädigt sich nicht. Sein Kalium entzieht den körperfremden Bakterien den Nährboden und hält die Körperflüssigkeit im Gleichgewicht. Sein Magnesium stärkt die körperliche Widerstandskraft. Sein Jod in der Schale und im Gehäuse ist mit eine Garantie für den funktionierenden Stoffwechsel. Sein Vitamin C in Verbindung mit Eisen steigert die Eisenaufnahme erheblich und organisiert schlechthin unsere Gesundheit. Von ihm hängt das Immunsystem ab. Am meisten Vitamin C speichert die Schale.

Das im Apfel enthaltene Vitamin B_1 baut den Zucker ab und belebt die Muskelspannung im Verdauungstrakt. Das Vitamin B_2 baut den roten Blutfarbstoff auf und ist unentbehrlich für das Sehen. Für den normalen Cholestrinspiegel ist das Vitamin B_6 mitverantwortlich; es hilft bei Stress und Depressionen.

Am verbreitetsten ist die Idee, dass Schlanksein mit einem Apfel beginnt. Mit dem Wunsch nach Geschmeidigkeit und Sportlichkeit könnte umgekehrt die Entdeckung des Apfels ihren Anfang nehmen: als Bestandteil einer ausgewogenen, vollwertigen Ernährung überhaupt. Denn der Apfel gilt nicht allein als gewichtsreduzierende Diät, sondern umfassender als vorbeugendes und heilendes Nahrungsmittel, das von der straffen Haut bis zum straffen Geist für Wohlbefinden sorgt, das die Grippe bekämpft und fieberhafte Infekte, sich als Regler des Cholestrinspiegels, des Magens und Darms und gegen Rheuma und Gicht empfiehlt, den Stoffwechsel anregt und bei Durchfall und Darmkatarrh Linderung verschafft.

Der rohe Apfel zeitigt diese positiven Konsequenzen, der gedörrte, gebratene, gekochte und der aufgegossene als Tee, der gepresste als Saft, Schorle, Wein und Essig. Und stets unter der Bedingung, dass es sich um Früchte handelt, die am Baum ausreifen konnten, von der Natur wesentlich mehr spürten als von der Chemie und gut gewaschen worden sind.

Zum Apfel mit seiner magischen Prominenz, seinem mythologischen Prestige, seiner medizinischen Autorität und dem kulturellen Vermögen,

Félix Vallotton (1865–1925),
Stilleben mit Äpfeln, 1919,
Öl auf Leinwand, 54 × 73 cm,
Kunstmuseum Winterthur

mit welch allem er sich in unserem Leben eine grosse Bedeutung erobert hat, gehört, den Kreis schliessend, sein Hineingreifen in unser Brauchtum.

Die mit Äpfeln ausgeschmückten Palmsonntagskränze, die nach der priesterlichen Weihung zu Hause über Türen und Spiegeln sowie in Ställen und Gärten aufgehängt werden, schützen vor Gewitter und Hagel, Feuer und Not. Der Ursprung ist vorchristlich, zurückreichend bis zu den Assyrern. Die Kreisform symbolisiert Vollkommenheit, Vollendung und die Bahn der Planeten und beschwört magisch das Sonnenjahr und mit ihm den Erntesegen.

Soweit das Sternsingen zwischen Weihnachten und Dreikönigstag und das Silvestersingen noch leben, erhalten die Kinder neben Geld die symbolischen Gaben Brot und Äpfel. Von ihnen, die den Christbaum zieren und von der Auferstehung künden, war bereits die Rede.

In Baselland hat sich die herbstliche Apfelhauet erhalten, an der Berittene den an einer Schnur befestigten Apfel mit einem Säbelhieb zu teilen haben. Der ursprünglich als militärische Übung gepflegte Brauch rettet den Apfel als schwierig zu treffendes Ziel aus der als heroisch übermittelten Schweizer Geschichte spielerisch in die Gegenwart.

Wer würde vermuten, dass die an der Fasnacht und an Siegesparaden geworfenen Konfetti eine Opfergabe sind, die einst mit Früchten und eben mit Äpfeln zur Beruhigung der bösen Geister dargebracht worden ist und jetzt unkenntlich fortlebt in den bunten, aber nur noch billig-papierenen Fetzchen?

Max Gubler (1889–1973), *Stilleben mit Gipsstatuette, Etruskermaske und Apfelkorb*, 1956, Öl auf Leinwand, 130 × 162 cm, Museum zu Allerheiligen Schaffhausen

Klosterfrauen

Domherren

und

Normannen

Dieses Kapitel bittet die Augen zu Tisch, damit sie trinken und essen. Denn die Äpfel, die in den Kellern lagern und in den Küchen zubereitet werden, vermögen mehr als bloss den Hunger zu stillen und den Durst zu löschen. Sie gehören ebenfalls zur sprichwörtlichen Liebe, die durch den Magen geht. Allerdings mit dem Unterschied, dass den Äpfeln, in welcher Form auch immer, eine optische Anziehungskraft eigen ist. Handelt es sich um einen Charme, der verführt? Er hätte Eva kaum genügt: der lausbübische nicht und noch weniger der raffinierte. Ist ihnen in aller Unschuld ein magischer Effekt eigen? Derart, dass wir nicht umhin können, sofort und oft unverschämt zuzugreifen? Unsere Augen sollen jedoch nicht nur rund werden, sondern auch kritisch, um unter den schlechten Äpfeln die guten zu erkennen, die einwandfreien vom Baum, die fachkundig und verlockend zubereiteten aus der Küche, die erstklassig gepressten aus dem Fass und die meisterhaft destillierten aus der Flasche. Die Veredelung des Apfels ist keine ausschliesslich pomologische Disziplin; die Kultivierung besitzt eine nicht minder attraktive kulinarische und gastronomische Dimension. Sie hat zu Recht ihre eigene Geschichte. Ohne sie wäre eine Kulturgeschichte des Apfels unvollständig, unbarmherzig und wohl auch langweilig. Das darf nicht sein!

Es wäre unvorstellbar und für das Ansehen des eidgenössischen Parlaments von verheerender Wirkung, würden seine Mitglieder an den Pulten der Grossen und Kleinen Kammer Wurstbrote auspacken, Bananen schälen oder Pommes Chips knabbern. Der Gedanke überhaupt, die von uns, dem Souverän, gewählten Nationalrätinnen und Nationalräte, Ständerätinnen und Ständeräte könnten während der Wahrnehmung ihrer gesetzgeberischen Pflichten auch nur Hunger verspüren, rüttelt an den Grundfesten der Demokratie.

Es gilt darum neben der Vorschrift zur schicklichen Bekleidung in beiden Räten ein Essverbot der strikten Observanz. Auch für Schokolade und Käse.

Nur für Äpfel nicht.

Hängte früher die Eidgenössische Alkoholverwaltung, als sie noch reichlicher bei Kasse war, den Parlamentarierinnen und Parlamentariern Sessionswoche für Sessionswoche einen Sack voller Pausenäpfel an den Garderobehaken, so hat jetzt der Schweizerische Obstverband die Traditionspflege an gelbbedachten Marktständen übernommen. Dort finden die Früchte ihren beissenden Absatz.

Was die «classe politique» gesundheitlich beschwingt, liefert den Fotografen freundliche Bilder, die in der Presse keinerlei Argwohn wecken gegen die Esslust in heiligen Hallen – weil sie mit Äpfeln gestillt wird. Sie sind salonfähig.

Dort, wo wir mit einem Kiwi oder einer Melone lächerlich wirken würden, dürfen wir ruhig Äpfel essen. Über die Schicklichkeit hinaus zeugen sie von Ernährungskultur. Sie beweisen Kulturbewusstsein schlechthin. Denn ein Apfel verleiht mit seinem Innern Bekömmlichkeit und zeigt sich äusserlich in vollendeter Schönheit. Dabei ist er weder ein eingebildeter Star noch eine blasierte Primadonna, sondern ein Volksschauspieler, der sich herzhaft anfassen lässt. Er lacht sympathisch. Dem Apfel ist es problemlos klar, dass er es nicht aufnehmen kann mit der Samtheit eines Pfirsichs, mit der anrührenden Melancholie einer Birne oder der Exotik einer Ananas. Seine Wesensart ist bäuerisch. Aber er kommt nicht im Arbeitskleid daher, sondern im Sonntagsstaat, in der bunten Tracht des Festtags. Er ist gut betucht.

Was der Apfel an Adel nicht besitzt, macht er mit seinem Verwendungsreichtum mehr als nur wett. Frisch vom Baum ist er ein Genuss, vom Ladentisch oder Marktstand gekauft und gelagert. Mit dem Kochen, Braten, Backen und Dörren veredelt er

Claes Oldenburg (1929),
Geometric Apple Core, 1991,
rostfreier Stahl, Stahl,
Urethan und Latex,
233,7 × 139,7 × 106,7 cm,
Pace Wildenstein New York

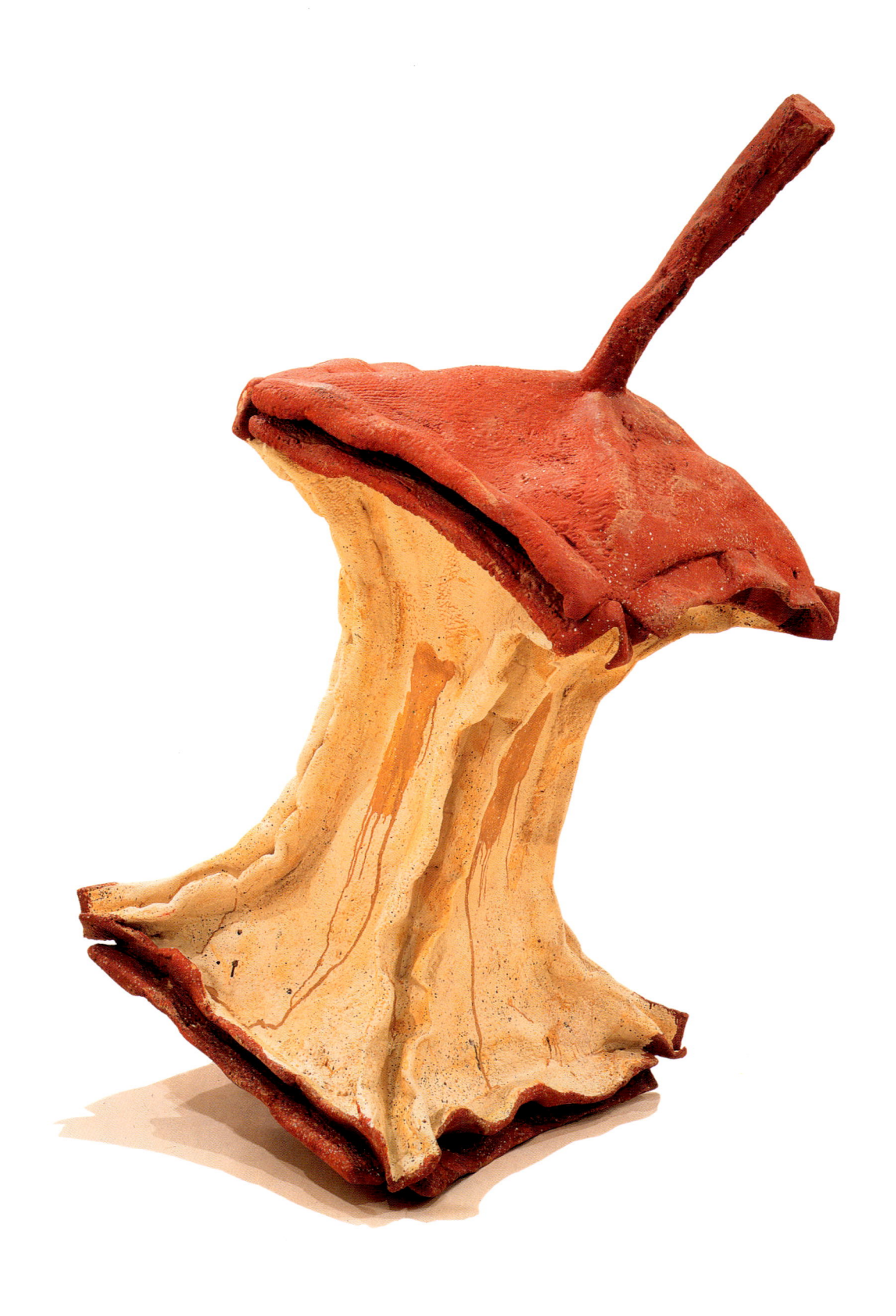

sich. Als Vorspeise, Hauptgang und Dessert behauptet er sich auf jedem Tisch und auf jeder Tafel. Gepresst schmeckt er als Saft, Wein, Schnaps, Likör und Essig. In dieser Mannigfaltigkeit übertrifft ihn keine andere Frucht. Denn zu allen Getränken kommt auch noch der Apfelschalentee dazu.

Bücher mit Apfelrezepten für Gourmets und Diätversessene füllen Bibliotheken. Uralte Rezepte werden in neue Sammlungen aufgenommen, beispielsweise jene von Taillevent, der von etwa 1312 bis 1395 in Frankreich lebte und der älteste uns namentlich bekannte Berufskoch ist. Er stand am Herd Philipp VI. und Karl V. und verwöhnte königliche Gaumen auch mit seinen «Tartes de pommes», für die er Butter, Öl und geröstete Zwiebeln verwendete, den sündhaft teuren Safran, Ingwer und Anis.

In der «Nürnberger Küchenmeisterei», die um 1490 als Druck erschien, regen die «gefüllten ausgebackenen Äpfel» den Appetit an:

«Nimm gebratene Äpfel oder Quitten oder gebratene Birnen. Reib Weissbrot darunter mit Zucker und Salz. Du kannst sie würzen oder nicht. Und füll die Apfelhälften damit, ohne Eier.»

In der Wiedergabe erfahren die historischen Rezepte insofern eine Modernisierung, als sie auf den Esslöffel und aufs Gramm genau mit Mengenangaben versehen werden. In den Originalen fehlen sie. Offenbar wusste die Hausfrau aus Überlieferung und Erfahrung, welche Quantitäten für welche Qualität erforderlich waren; oder es wurde nach Lust und Laune gekocht und mit dem, was Jahreszeit und Vorrat boten.

Es fällt auch auf, dass die mittelalterliche Küche die Zutaten völlig zerquetschte, zerstiess und eifrig pürierte. Die schlechten Zähne mögen dies verlangt haben. Es könnte ebenfalls notwendig gewesen sein, weil die Speisen alt waren oder gar verdorben. Ihr fragwürdiger Geschmack wurde mit kräftigem Würzen überdeckt. Kräuter, Safran, Sandelholz oder Maulbeeren verliehen den fahlen Breilein etwas Farbe.

Ärzte und Laien griffen im 16. Jahrhundert gerne zum «New Kochbuch für die Krancken». Walther Ryff gab es 1545 in Frankfurt am Main heraus für «Jemann krancker Personen in mancherley Fehl vn Gebrechen» und riet, die reifen Äpfel zu braten

«oder gutte öpffel müslin darmit bereydtenn/mit zucker wol süss machen/Doch sol man dem krancken solche vast wenig geben.»

Paul Cézanne (1819–1906),
Teller mit Früchten und Zuckerschale, 1876–1878, Öl auf Leinwand, 24 × 33,5 cm, Stiftung «Langmatt» Sidney und Jenny Brown Baden

Ausführlicher zur Zubereitung von Apfelmus leitet «Ein köstlich new Kochbuch von allerhand Speisen an Gemüsen, Obs, Fleisch, Geflügel, Wildpret, Fischen und Gebachens» an, «mit Fleiss beschrieben durch Anna Weckerin», vermutlich einer Baslerin, deren Rezepte nach ihrem Tod erstmals 1597 publiziert wurden und sich an gehobene, gutbürgerliche und patrizische Ansprüche wandten. Im Schmalz sollen die Äpfel gekocht werden, gewürzt mit Ingwer und Zimt, mit Zucker gesüsst. Er war noch im Mittelalter eine teuer importierte Ware, die oft ersetzt wurde mit Honig, Wein und Trockenfrüchten.

Walther Ryff und die Arztwitwe Anna Wecker gehören zu den ersten Kochbuchautoren der neuen Zeit. Sie stehen an der Schwelle zur Ablösung der Gesundheitsratgeber. Das Essen wird nicht mehr allein unter medizinischen Gesichtspunkten gesehen, sondern auch unter kulinarischen, nicht mehr allein unter höfischen und klösterlichen, sondern auch unter bürgerlichen.

Mit der im 16. Jahrhundert wachsenden Verbreitung des Zuckers, der in der Apotheke gekauft werden musste, aber billiger wurde, änderten sich die Essgewohnheiten. Süsse Speisen erfreuten sich zunehmender Beliebtheit.

Neben dem Gemüse erscheint auf den Tischen allmählich und regelmässig das Obst, das mundartliche «obs». In gedörrter Form wird es oft an Stelle von Brot gegessen. Die Hausfrau trocknet Äpfel, Birnen und Zwetschgen meistens selber. Auf dem Dorf sind da und dort gemeinsam benutzte Dörröfen im Betrieb. Mit ihnen deutet sich schwach eine künftige Entwicklung an: dass die Speisen nicht mehr ausschliesslich in der eigenen Küche und im eigenen Haus zubereitet werden, sondern ausserhalb der eigenen vier Wände. Das Dörren der Früchte und das Räuchern und Einsalzen des Fleisches, des Schweinefleisches in erster Linie, kannten die Menschen als einzige Methoden der Konservierung – ohne selbstverständlich das Sauerkraut zu vergessen.

Der mittelalterliche Tisch war mit Brot und Brei, mit Gemüse, Beeren und Früchten, mit Fleisch, Geflügel und Fischen und mit Käse, Butter, Milch und Wein einfach gedeckt. Noch einfacher und weniger abwechslungsreich ass die Landbevölkerung. Es mangelte an Proteinen und Vitaminen. Auf die Sättigung kam es an, mit Ausnahme von Festtagen nicht auf den Genuss. Mais und Kartoffeln waren so unbekannt wie Reis, grüne Bohnen, Tomaten, Kaffee, Schwarztee und Kakao.

Cuno Amiet (1868–1961), *Stilleben mit Äpfeln und Tomaten*, 1892, Öl auf Leinwand, 34 × 60 cm, Aargauer Kunsthaus Aarau

Bis zur Mitte des 18. Jahrhunderts lebten die Menschen noch immer in der zweiten von drei wichtigen Zivilisationsphasen, nämlich in jener der landwirtschaftlich geprägten. Sie begann im Orient vor rund zehntausend Jahren, in Europa vor rund sechstausend und löste die Wanderschaft mit der Sesshaftigkeit und dem Ackerbau ab. Die nach 1750 einsetzende Industrialisierung mit der Öffnung neuer Verkehrswege und der Arbeitsteilung wird sich auch auf die Zubereitung der Speisen und die Essgewohnheiten auswirken. Die Geschichte der Kochbücher mit den sich verfeinernden Tischsitten ist stets eine Geschichte der Zivilisation.

Aber schmeckt die «Äpfelcharlotte» nicht bereits köstlich, wie sie Alexander Viard, «französischer Mundkoch», 1808 im «Kaiserlichen Koch oder neuestem französischen Kochbuch für alle Stände» zubereitete?

«Man schäle die Äpfel und nimmt den Griebs (das Kerngehäuse) heraus. Man verschneidet und kocht sie mit Zucker und ein bisschen Zimmet zu Mus; wenn alles Wasser abgedünstet ist, lässt man es erkalten; man schneidet Krume in gleiche Stücke, taucht sie in laue Butter und legt sie symetrisch in einem Model zurecht, richtet das Äpfelmus drüber an, so dass in der Mitte eine Öffnung bleibt, die man mit Aprikosenmus auffüllt. Hernach wird die Charlotte mit Krume, die in Butter getaucht wurde, bedeckt und im Ofen gebacken.»

Das «Neue Berner Kochbuch» in der zweiten und verbesserten Auflage von 1836, verfasst von «L. Rytz geb. Dick», benötigt für den «Äpfel-Compote», vorzugsweise aus «Renetten, Gallwyler oder Grauechäpfeln», zwei Druckseiten, damit sie ja bis in alle pedantisch aufgezählten Feinheiten gelingt:

«Dann wird die Rinde mit dem Herz der Äpfel gewaschen, mit genugsam Wasser auf's Feuer gesetzt, und so lange gekocht, bis das Wasser den Geschmack der Äpfel bekommt; dann richtet man dieses Wasser durch ein dünnes Tuch, und setzt es wieder in einer gelben Pfanne auf's Feuer, thut den Zucker darein, und wenn er geschmolzen ist, auch die Äpfel.»

Es dürfen nicht zu viele sein, damit sie im Wasser schwimmen können:

«Gleichzeitig mit den Äpfeln thut man Citronenscheibchen nach Belieben dazu, oder süsse Pomeranzen in Schnitze geschnitten, die Äpfel, Citronen oder Pomeranzen werden nun so lange gekocht, bis sie so weich sind,

Wilhelm Schmid (1872–1971), *Heliand*, 1946, Öl auf Leinwand, 240 × 560 cm, Bundesamt für Kultur Bern, Schweizerische Eidgenossenschaft

Kochbuch, signiert 1699, der Anna Margaretha Gessner, geb. Kit, mit einem Einband aus einer Pergamenthandschrift aus einem Graduale des 14. Jh., Zentralbibliothek Zürich

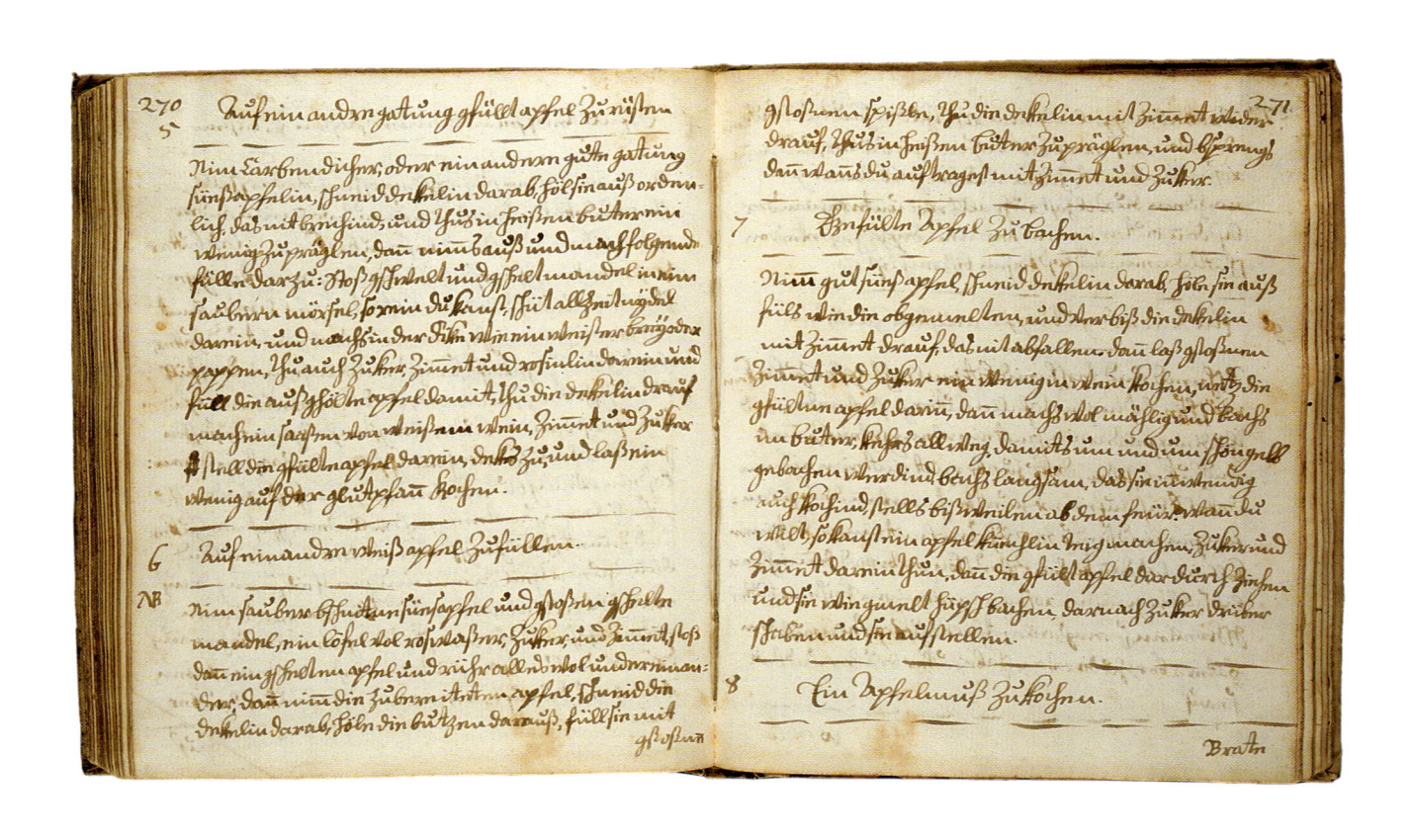

> *dass man einen Strohhalm in die Äpfel stecken kann; da aber nie alle zu gleicher Zeit weich sind, so muss wohl geachtet werden, und so wie einer gut ist, derselbe sogleich mit einem silbernen Löffel sorgfältig herausgezogen und auf eine Platte gelegt werden, und so immer einer neben den andern, bis sie alle gut sind.»*

Werden die «Citronen oder Pomeranzen» durch Quittenschnitze ersetzt, braucht es mehr Zucker.

Das zwölf Jahre jüngere «Luzernische Koch-Buch, verfasst für angehende Köchinnen; nebst einigen Bemerkungen und einer Zugabe aus verschiedenen ökonomischen Werken» empfiehlt «Apfelmus mit Brodbrosamen»:

> *«Saure Äpfel werden beschnitten und zerhauen. Thut sie dann in heissen Anken über, schüttet wenig Wasser zu, und deckt die Pfanne. Sind sie lind und eingekocht, so verrührt sie zum Brei; klopft ein Ei mit Niedlen durcheinander, schüttet es in die Äpfel, lasst noch ein wenig kochen, dann richtet sie an. Thut darüber im Anken geröstete Brodbrosamen.»*

Im «Kochbuch der Haushaltungsschule Schlösschen Tobel» in Bischofszell aus dem Jahre 1898 werden fürs Apfelmus nicht nur Zucker und Zimt verwendet, sondern auch Weisswein oder Butter. Das «Apfelmus II. Art» wird bestreut mit in Butter gelb gerösteten Brosamen.

Von altersher wusste die Küche die Äpfel abwechslungsreich zu verwenden. Bei Anna Weckerin gab es ein «gut gebachens von Äpffeln», «Gefüllte Äpfel», «Äpffelküchlein» und «Grosse Äpffelküchlein», «Strauben von Äpfeln» und als «ein ander gut essen von Äpfell», nämlich ein aufwendigeres Mus nicht nur mit Zimt und Ingwer, sondern dazu mit Safran, «Weinbeerträubeln», Eiern und Mandeln.

Das «Haussbuch», das 1623 «mit Röm. Keys. Mayestät Gnad und Freyheit» in Wittenberg verlegt werden konnte, macht «Vögel in Epffeln» und «Fische in Epffeln» schmackhaft. Im «Bernerischen Koch-Büchlein, darinnen in einer Sammlung von mehr als dreyhundert Recepten, gute Anweisung gegeben wird allerhand sowohl geringer als kostbar und delicate Speisen nach jetziger Mode herrlich und wohl zu appretieren, nemlich zu kochen, zu beitzen, zu braten, auch allerhand zu backen, wie auch Pasteten, Tartes, Zucker-Confext, auch Früchten en Confitures einzumachen, auch allerhand zum Nachtisch dienenden Sachen», empfohlen «allen Haushaltungen, Baad- und Tavernen-Wirthschafften, und sonderlich allen Lehr-begierigen Köchenen sehr nützlich», werden

Terrine, mit Knauf in Form eines Apfels, Manufaktur Johann Jakob Frey, Lenzburg, letztes Viertel 18. Jh, Fayence, Höhe mit Deckel 18 cm, Schweizerisches Landesmuseum Zürich

Albert Anker (1831–1910),
Die ältere Schwester, 1867,
Öl auf Leinwand, 81,5 × 65,5 cm,
Privatbesitz

Unbekannter Maler,
Strohflechtende Heimarbeiter im Freiamt/AG, um 1840,
Öl auf Leinwand, 57 × 45 cm,
Schweizerisches Landesmuseum Zürich

Äpfel-Birnen-Kuchen beschrieben, «Äpfel in Anken gebacken», «Gebackene Äpfel-Schnitzlein» und ein Apfelkompott.

Die Namen vieler schweizerischer Apfelgerichte lesen sich wie Eintragungen ins Poesiealbum: «Apfelbröisi», «Öpfelschoppe», «Apfelhürlig», «Apfeltatsch» oder «Öpfelspätzli». Gemeint sind die Aargauer Apfelrösti, der appenzellische Apfelkuchen, die Apfelschnitze und die Apfelomelette aus dem Bündnerland und die im Thurgau aus Äpfeln zubereiteten Spätzli. Die Kirche führt uns mit den «Klosterfrauen», den im urnerischen Isenthal mit Apfelmus gefüllten Omeletten, und den «Domherren», einem St. Galler Apfelkuchen, in die süsse Versuchung. «Annebäbis Apfelkuchen» und «Charlotte» halten Kalorien in verlockender Form bereit. Es wundert nicht, wenn «Schnitz und drunder», diese altbekannte Aargauer Speise aus Äpfeln, Zucker, Butter, Speck und Kartoffeln, dem Freiämter Robert Stäger (1902 bis 1981) dichterischen Schwung verliehen haben:

«Hördöpfel und Schnitz! Da ischt es G'mües!
D'Hördöpfel sind g'mählig und d'Schnitz sind süess;
Und chochet mer s'zäme und trinkt dezue Moscht,
So het mer e chräftegi Burechoscht.»

Es muss etwas besonderes an diesem Mahl liegen, das die Zuger «Schnitz und Härdöpfel» nennen, denn auch im «Zugerliedli» von Jakob Bossard (1815 bis 1888) ist ihm eine Strophe gewidmet:

«Mer hend es Land wie s'Paradys;
Der See, der Bärg und s'Tal ghört üs;
Mer läbid wie im globte Land,
Wenn's Most gid, Schnitz und allerhand –
Es ist ke Naredy, en Zugerburger z'sy.»

Es geht hier nicht um eine Rezeptsammlung und schon gar nicht um eine vollständige. Aber wer das nächste Mal ein knochentrockenes Apfeltörtchen mit nervöser Gier aus dem Cellophan raschelt oder eine Büchse mit Apfelmus elektrisch öffnet, dabei hoffentlich seine Finger nicht verletzt, den Inhalt also sofort und ohne Zwischensprung zur Hausapotheke in eine Schale leert, als Nonplusultra mit Zimt bestreut und einem Rahmtüpfelchen dekoriert, möge im Angesicht des ihn erwartenden lukullischen Hochgenusses an die «lehr-begierigen Köchenen» denken, die bereits vor der Französischen Revolution die Äpfel im herbeigeschleppten Wasser sauber wuschen, mit groben Messern fein schälten, entkernten und schnitzelten, mit Gewürzen, Eiern und Rahm zur

Hans Baumgartner (1911–1996),
Märstetten/TG, 1948,
Schweizerische Stiftung für
die Photographie Zürich

Gaumenfreude steigerten und im Holzofen mit goldgelben Krusten krönten.

Daraus ersehen wir, dass die Kulturgeschichte des Apfels nicht nur nach oben strebt, sondern einer Berg- und Talfahrt gleicht. Die Zeiten ändern sich – und der Apfel mit ihnen. Das liegt weder am Tiefkühler noch am Stabmixer und Schnellbackofen. Auch in einer modernen Küche hätten Anna Wecker und Walther Ryff ihre Apfelliebe durch unseren Magen gehen lassen.

Ein Plädoyer auf die gute alte Zeit, die uns jedesmal, wenn sie aufscheint, in die Nostalgiefalle lockt? Verklärungen sollen nicht sein! Obwohl uns neben Grossmutters gedörrten Apfelschnitzen auch die Erinnerung an den frisch gepressten Most einholt, der einst zum Herbst gehörte wie die in den Morgennebel schwebenden Blätter.

Stellen wir einfach so sachlich wie möglich fest, dass auch das Mosten mit der gehörigen Muskelkraft für den Mühlstein, der die Äpfel und Birnen zerquetschte und zum Pressen vorbereitete, von der Modernisierung eingeholt und zur Reminiszenz geworden ist.

Verbreitet und unverrückbar durchgesetzt haben sich automatische Anlagen, die das Obst waschen, Elevatoren, die es in die Mühle heben, Pumpen, die die Maische in die Presse befördern und den frischen Saft, damit er keimfrei wird, in den Durchlauferhitzer, weiter in die Zentrifuge zum Ausschleudern grober Trübbestandteile und in die Filtrierstation zur völligen Klärung und dann in den Vakuumverdampfer, der den Saft und das Aroma konzentriert. Je nach Lieferbedarf wird den Konzentraten Trinkwasser beigemengt, auf dass wieder unvergorener, klarer oder trüber Apfelsaft wird, der in Flaschen abgefüllt durch den Pasteurisiertunnel und hernach durch die Etikettiermaschine läuft.

Die Erinnerung hinter die Maschinenepoche zurück ist nicht vergeblich, sondern wieder wach und erlebbar geworden: Kernobstsaft frisch ab Presse, das einzige typische Saisongetränk aus Äpfeln, kündet an den Marktständen der Bauern vom Herbst und schenkt die prickelnde, unverwechselbare Süsse.

Was wir in unseren Tagen aus freiem Entscheid geniessen, ausgesucht aus herrlich präsentierten Nahrungsmitteln, war früher oft ein Zwang, weil die Auswahlmöglichkeit mangels Angebot oder mangels Geld fehlte.

Diese Differenzierung schwingt mit, wenn wir hören, dass der Most zum Volksgetränk wurde, in

Johannes Bartholomäus Thäler
(1806–1850), *Hungertafel*,
mit Mostflasche, um 1820,
Öl auf Blech, 57,5 × 48,5 cm,
Historisches Museum St. Gallen

Vermutlich Durs von Ägeri (gestorben um 1596), *Grosse Kälte und Hunger im Frühjahr 1432*, Zürcher kaufen auf dem Markt in Zug Holzäpfel, Zeichnung, teilweise koloriert, 7,5 × 16,5 cm, in der Chronik von 1576 des Wettinger Abtes Christoph Silberysen, Aargauische Kantonsbibliothek Aarau

der Normandie im 13. und in der Bodenseegegend im 15. Jahrhundert. Er verdrängte teils den Wein, weil dieser sauer kratzte, und teils schlicht deshalb, weil der Most billiger war. Adel und Klerus wandten sich trinkend den Rebbergen zu, die einfacheren Schichten den Baumgärten.

Wenn in den Obstbaugebieten – in der Schweiz hauptsächlich den Seen entlang – der Most bei den Mahlzeiten stets auf dem Tisch stand, dann eben nicht aus Begeisterung allein, sondern auch aus der Not der kärglichen Küche und der ärmlichen Keller. Bis ins letzte Jahrhundert hinein waren Ernährungsmängel, Versorgungsschwierigkeiten und Hungersnöte vertraute Erscheinungen. So mag mancher vergorene Most ausser einem Durstlöscher auch ein betäubendes Genussmittel gewesen sein. Dass er auch ein Festgetränk war, lesen wir im «Schwarzen Schuhmacher», dem historischen, im 18. Jahrhundert angesiedelten Werk des Zugers Joseph Spillmann (1842 bis 1905):

«Auf einmal füllte sich drunten der Burghof mit fröhlichem Lärm. Die Diener hatten auf Baron Fidels Befehl ein mächtiges Fass Most aus den Kellern heraufgewälzt und neben der Haustür aufgestellt. Ein grosser Schenktisch stand daneben mit Humpen, Brot und einem Käs, so gross wie ein Wagenrad. Fackeln und Pechpfannen flammten auf und übergossen den Hof und die Mauern des alten Burghauses mit rotem Licht. Dann waren die Hoftore geöffnet worden, und begierig flutete die harrende Menge herein. Die Knechte, die ihnen das Nationalgetränk verzapften, kamen beinahe in Gefahr, mitsamt dem Fass und dem Schenktisch über den Haufen gedrückt und gestossen zu werden.»

Im Gegensatz zum praktisch weltweit angebauten Apfel beschränkt sich die Mostkultur auf vier Regionen: auf Frankreich und auf England und zum dritten auf den Raum zwischen Frankfurt am Main im Norden, Biebrich und Basel im Westen, Schweinfurt, Memmingen und Schruns im Osten und Freiburg, Amsteg und Chur im Süden. Ein viertes Gebiet deckt Oberösterreich, die Steiermark und das Burgenland.

Die Ursprünge finden wir jedoch in einem geographisch entfernteren Gebiet. Herodot, der etwa zwischen 490 und 420 v. Chr. lebte, weite Reisen unternahm und als griechischer «Vater der Geschichte» gilt, berichtet von den Argippäern am Südfuss des Altai, die vergorenen Saft getrunken haben sollen: wahrscheinlich aber nicht aus Obst, sondern aus Beeren gewonnen und als «aschy» bezeichnet. Den Most haben nach dem griechischen Geographen Strabo (60 v. Chr. bis 25 n. Chr.) die Massageten gekannt, ein kriegerisches Nomadenvolk in den nordöstlichen Steppen des Kaspischen Meeres.

Die Römer, wie es uns Plinius der Ältere (23 bis 79 n. Chr.) übermittelt, nannten neben dem Wein die anderen, vor allem aus Äpfeln und Birnen hergestellten berauschenden Getränke «sicera». Daraus wurde gallisch und französisch der «cidre», italienisch der «cidro», spanisch der «sidro» und englisch der «cider». Und der «siceratores», der die Kunst des Bierbrauens und des Mostens beherrschte, war einer der Berufe, die Karl der Grosse im «Capitulare de villis» für seine Landgüter dekretierte.

Den lateinischen Bezeichnungen folgten die Germanen indessen nicht. Bei ihnen hiess der vergorene, aus eigener Kenntnis und Tradition entwickelte und ausser dem Wein, Bier und Met getrunkene Saft «lid» und im Mittelhochdeutschen «lit».

Wir dürfen annehmen, dass die Geräte für den Wein anfänglich auch für den Most in Gebrauch waren und sich die artgerechte Herstellung bis zu den Krügen erst allmählich herausbildete.

Auf der Grundlage des Franzosen Louis Pasteur (1822 bis 1895), der als erster den Gärungsprozess durch das Abtöten von Hefepilzen verhindern konnte, entwickelte Hermann Müller-Thurgau (1850 bis 1927) seinerseits als erster die Herstellung von haltbarem, gärungsfreiem Obstsaft ohne Konservierungsmittel. Wiederum ein Thurgauer war es, A. Böhi (1884 bis 1923), der mit dem Einpressen von Kohlensäure eine weitere Methode erfand, den Obstsaft vor der Gärung zu schützen.

Diese pionierhaften, auch im Ausland beachteten Leistungen schufen zusammen mit der eidgenössischen Alkoholgesetzgebung des Jahres 1887 die Voraussetzung für die gesundheitspolitisch bedeutende brennlose Verwertung des Fallobstes und von eigens produziertem Mostobst mit den Bezeichnungen Blauacher, Bohnapfel, Bramley's Seedling, Engishofer, Grauer Hordapfel, Thurgauer Weinapfel, Wilerrot und Tobiässler. Boskoop und Sauergrauech eignen sich sowohl als Tafel- als auch als Mostäpfel.

Von ihnen allen braucht es 1,2 Kilogramm für einen Liter Most, insgesamt jedes Jahr hunderttausend Tonnen – Birnen inklusive, deren Saft bis zu zehn Prozent in den Apfelsaft fliessen darf. Die Etiketten definieren den Flascheninhalt präzise

Zürcherisches Ausrufbild, *Wänder süss öpfel chauffä? öpfel, öpfel?*, Kupferstich, Höhe 10 cm, 1849 von David Herrliberger herausgegeben, Zentralbibliothek Zürich

Hans Baumgartner (1911–1996),
Museggtor, Luzern, 1934,
Schweizerische Stiftung für
die Photographie Zürich

wie beim Wein; und wie bei ihm muss halt jede und jeder deutungssicher lesen können.

Doch es muss zugegeben werden, dass die im Verlaufe der Zeit verwendeten Begriffe klärungsbedürftig sind. Was ist «Most», was «Saft»? Unter «vinum mustum», dem jungen, frischen, neuen Most verstanden die Römer den Wein wie den Apfelmost und Apfelwein. Eine Ableitung von «mustum» erkennen wir im «Mostert» und «Mostrich», dem Senf aus zerriebenen Senfkörnern und prickelndem Most. Vom 12. Jahrhundert an bildet sich der «Most» als Bezeichnung für den Birnensaft heraus, der «epfeltranc» für den Apfelsaft.

Nach der heutigen Terminologie handelt es sich beim «Obstsaft frisch ab Presse» um eine Mischung von reinem, trübem Apfel- und Birnensaft, beim «naturtrüben Apfelsaft» um das Produkt gepresster Äpfel, beim «klaren Apfelsaft» um jenes, das gefiltert worden ist. Die «Spezial-Apfelsäfte» sind sortenreine Pressungen, die «verdünnten Apfelsäfte» enthalten in der Regel drei Viertel Apfelsaft. Der «Apfelwein» ist nicht ganz durchgegoren erhältlich, vollständig gegoren, trüb oder sortenrein. Und schliesslich gibt es den «Apfelschaumwein» und den «alkoholfreien Apfelwein», dem bei niedriger Temperatur im Vakuum der Alkohol entzogen worden ist.

Was im keltischen Kulturraum vom nördlichen Spanien über die Normandie bis nach England und Irland seit Jahrhunderten traditionellerweise getrunken wird, der französisch «cidre» und englisch «cider» genannte Apfelwein, findet allmählich auch in der Schweiz seine Abnehmer. Er ist nicht so herb wie Bier und nicht so süss wie unser Apfelwein, enthält zwischen 3,5 und 8,4 Volumenprozent Alkohol, wird aufgezuckert, aromatisiert und mit Kohlensäure versetzt. Einfach ein Modegetränk in unseren Breitengraden? Einige schweizerische Obstverwerter nehmen den Trend ernst, überzeugt, dass der «Swiss Cider» im Vergleich mit herkömmlichen Apfelsäften ein eleganteres und jüngeres Image besitzt und deshalb als Alternative den rückläufigen Mostkonsum beleben könnte.

Die aus dem Apfel gewonnenen Getränke stehen für die Gesundheit und für den Genuss. Das können Gegensätze sein. Eine Kulturgeschichte, auch eine Art Kulturgeschichte, trennt nicht warnend das Böse vom Guten. Sie erhellt Entwicklungen. Zu ihnen gehört, dass sich die Menschen zu allen überblickbaren Zeiten den Apfel nutzbar machten und ihn nicht nur am Baum veredelten, sondern auch im Fass und in der Flasche. So wird

Ernst Würstenberger (1868–1934), *Zwei Schäfer im Gasthaus*, 1906, Öl auf Leinwand über Holz, 40 × 39,5 cm, Kunstmuseum St. Gallen, Bundesamt für Kultur Bern, Schweizerische Eidgenossenschaft

denn gesagt sein dürfen, dass der Calvados aus dem gleichnamigen französischen Departement, im Eichenholz zur Reife gebracht, zu den trinkbaren Köstlichkeiten gehört. Noch eine Seite wird dem Apfel abgerungen, nochmals eine Verwendungsmöglichkeit zur Vollendung gebracht. Die Wahrheit liegt nicht im Wein allein. Wer sie erkennt, kann nicht stockbetrunken sein. Sie erschliesst sich denen, die zu geniessen verstehen auf der Stufe jener Kultur, die sich in Küche und Keller entfaltet.

Da wartet auch der Gravensteiner auf seine Erwähnung, nicht der gepflückte, sondern der gebrannte. Er muss sich auf Konkurrenz gefasst machten. Innovative Schweizer Getränkehersteller probieren neue Destillate aus und gewinnen damit bereits erste Preise an ausländischen Wettbewerben.

War es nicht eine der ersten Bestimmungen des Apfels, uns zu verführen? Die Formen und Folgen wechseln. So legen sich die Äpfel neben der neuen züchterisch bedingten Erscheinung auch eine solche zu, die kreative Glasbläser sich einfallen liessen, um alkoholische Apfelgetränke in Flaschen optisch – und oft ästhetisch gelungen dazu – wirken zu lassen. Auch dies hat unsere Frucht durch sämtliche Epochen hindurch erlebt, auch bereits durch jene, die weder den Begriff noch die Tatsache der Konsumgesellschaft kannten. Es genügt, an die grossen, bauchigen und grünen Mostflaschen zu denken und an die bunten, verzierten Mostkrüge, unter denen sich wahre Museumsstücke finden.

In Küche und Keller sind die geschichtlichen Abschnitte nebeneinander anzutreffen. Wir essen und trinken uns mühelos durch die Jahrhunderte. Speisen und Getränke bilden eine Zeitmaschine, die uns beim Hauptgang ins Mittelalter versetzt, beim Dessert in die Neuzeit. Wir führen ein Glas an den Mund mit Most, der schmeckt wie in der «Belle Epoque». Das Mahl runden wir ab mit einem modernen, exklusiven Destillat, das «Berner Rosen» heisst. Aus Küche und Keller kommen Vergangenheit und Gegenwart auf die Zunge. Wir spüren den Lauf der Zeit. Das hat etwas Paradiesisches.

Peter Mieg (1906–1990),
Blau in Blau, 1973, Gouache,
29 × 36 cm, Privatbesitz

Faites

vos

pommes

!

Das erste Bild stammt von René Magritte, das letzte auch: «Le Prêtre marié» von 1961, auf dem Umschlag wiedergegeben und auf einer Schlussseite. Auswahl und Anordnung erfolgten mit Absicht. Dabei war der Titel als solcher unmassgeblich. Er lenkte den Entscheid nur insofern, als er originell ist, kühn, kreativ. Der Bezug zwischen Titel und Bild vermittelt eine ungewöhnliche Perspektive. Denn Apfel ist nicht Apfel; auch dies gilt und wird hier markant deutlich: Ein Apfel ist nicht ein Apfel. Etwas völlig anderes sieht nur aus wie einer. Unbefangenheit öffnet den Blick. Sie sensibilisiert die Wahrnehmung. Der Apfel verlangt es in besonderer Weise. Er belohnt es mit überraschenden, oft verwirrenden, aber vor allem mit bereichernden Antworten. Dass er eine Frucht ist, mag seine raffinierte Maske sein. Er schiebt sie für den weg, der sein Wesen – eben vorurteilslos – ergründen will und sich lustvoll aufs magische Spiel einlässt. «Faites vos pommes!» ist auch so zu verstehen. Und anders – wie noch zu zeigen sein wird.

Ferdinand Hodler (1853–1918),
Blühender Apfelbaum, um 1890,
Öl auf Leinwand, 27 × 40,5 cm,
Museum Oskar Reinhart
«Am Stadtgarten» Winterthur

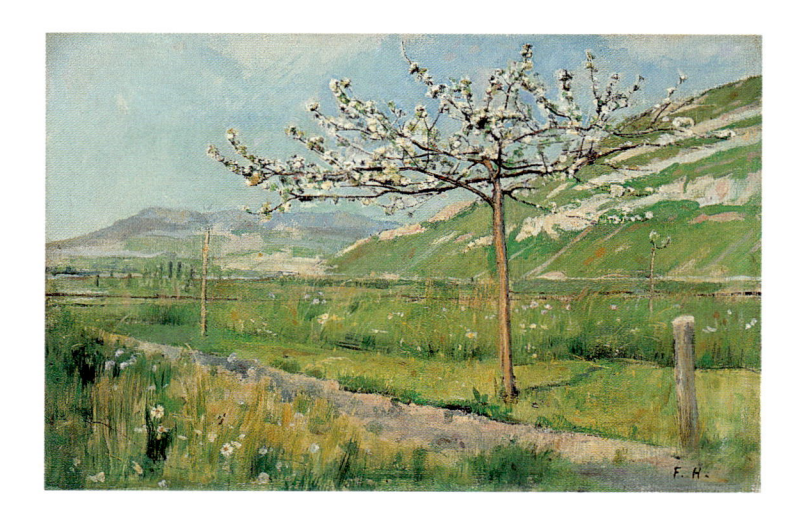

Wählen wir für den historischen Rückblick das Mikroskop, dann erscheinen die folgenden Darstellungen gewiss als ungenau. Das sind sie auch für die leidenschaftlichen Perfektionisten, die vor allem nach den Werten rechts vom Komma streben. Nichts gegen Lupe, Teleskop und Rechenschieber! Aber das Augenmerk auf den grösseren Zusammenhängen und nicht auf den kleinen Einzelheiten bringt Aufschlussreiches.

Ziehen wir auf der Landkarte eine Linie von Genf nach St. Margrethen, dann teilt sich die Schweiz in eine klar unterscheidbare nördliche und südliche Hälfte. Im nördlichen Teil liegen die wichtigen Ackerbaugebiete mit Obst und Gemüse, im südlichen die Gebiete der Graswirtschaft und Viehhaltung.

Beim näheren Blick stellen wir natürlich Ausnahmen fest mit den Juraweiden sowie mit den Äckern im Wallis bis nach Brig, von Sargans nach Chur, in der Magadinoebene und im Mendrisiotto.

Bleiben wir jedoch bei der gröberen Gliederung in Norden und Süden, dann erkennen wir interessanterweise, dass der heutige Ackerbauraum in etwa der eisfreien Zone entspricht mit den Fundstellen aus der älteren Steinzeit von 50 000 bis 8000 v. Chr.

In der gleichen Region liegen auch die Fundstellen aus der mittleren Steinzeit, die von 8000 bis 3000 v. Chr. dauerte, und die Siedlungsräume der älteren Jungsteinzeit von 4800 bis 2800 v. Chr. Die Chasseen lebten zwischen dem nördlichen Ufer des Genfersees bis nach St-Aubin und Estavayer-le-Lac am Neuenburgersee und über Brig hinaus. Die Kultur der Rössener und der mit ihnen verwandten Gruppen ist nachweisbar in der Nordostschweiz bis nach Chur. Die Lücke dazwischen wird in der mittleren Jungsteinzeit, um 2500 v. Chr., geschlossen von der Cortaillod-Kultur. Die nördliche Schweiz, wie wir sie mit der Linie von Genf nach St. Margrethen von der südlichen getrennt haben, ist besiedelt, das Wallis und die Rheinufer bis nach Chur eingeschlossen.

Dieses Gebiet weist eine Identität auf mit den Kulturbereichen der Kelten und wahrscheinlich der Räter in der älteren Eisenzeit von 800 bis 500 v. Chr. und in der jüngeren bis zum Beginn der christlichen Zeitrechnung. Es deckt sich wieder mit der römischen Besiedelung bis ins dritte Jahrhundert n. Chr., mit der Entstehung der wichtigsten Klöster bis zur Gründung der Eidgenossenschaft und den wichtigsten Städten bis ins 15. Jahrhundert.

Paul Gauguin (1848–1903),
Blühende Apfelbäume, 1879,
Öl auf Leinwand, 65 × 100 cm,
Aargauer Kunsthaus Aarau,
derzeit in der Stiftung
«Langmatt» Sidney und
Jenny Brown Baden

Balthasar van der Ast (1593/94 – 1657), *Stilleben mit Früchten, Muscheln und Insekten*, um 1625, Öl auf Eichenholz, 66,5 × 90 cm, Kunsthaus Zürich, Stiftung Betty und David M. Koetser

Der Schluss ergibt sich, dass wir überall dort, wo wir Obst- und Apfelbäume sehen, einen Blick werfen auf die ältesten Siedlungsräume der Schweiz. Waren sie insgesamt 7360 Hektaren gross, so umfassend wie die heutige Anbaufläche? Dieser rechnerische Umkehrschluss wäre falsch. Richtigerweise lässt sich sagen, dass die jetzt grössten Obstbaugebiete, nämlich das Wallis mit 2500, die Ostschweiz mit 2000 und die Genferseeregion mit 1100 Hektaren, seit je zu den besiedelten Zonen unseres Landes gehörten.

Wenn der Apfel historische Gefühle weckt, dann könnte er wohl historische Erlebnisse verschaffen. Es wäre dann für einmal keine Blustwanderung empfohlen, sondern ein Ausflug zu den jungsteinzeitlichen Stätten in Robenhausen am Pfäffikersee, in Moosseedorf und Concise-La Lance, wo getrocknete Holzäpfel ausgegraben wurden.

Oder warum nicht in der Erinnerung an das «Capitulare de villis», die Landgüterordnung Karls des Grossen aus dem Jahre 812, vom Engadin über den Ofenpass ins Münstertal fahren und dort in Müstair, unmittelbar an der Grenze zum Südtirol, in der Klosterkirche die lebensgrosse Stuckplastik des Kaisers in der Tunika und im Reitermantel und mit dem Reichsapfel bewundern, die im 12. Jahrhundert kein Künstler, sondern ein Steinmetz mehr liebevoll als begnadet schuf? Die karolingischen Fresken, die wesentlich dazu beitrugen, diesen klösterlichen Komplex ins Weltkulturgut der UNESCO aufzunehmen, würden die lange Reise in die Abgeschiedenheit ebenso belohnen wie die Landschaft und die mit manchem architektonischen Kleinod versehenen Dörfer.

Auf dem Rückweg – oder auf dem Hinweg, selbstverständlich – würde der Apfel auf der alten Strasse bei Landquart zur Besichtigung des Schlosses Marschlins raten: einmal, weil es sich auf bündnerischem Boden um einen einzigartigen Viereckbau mit vier Rundtürmen handelt, dessen Garten englische und französische Gärtner im barocken Stil und auch mit Spalierbäumen anlegten.

Der zweite Grund für einen Halt ist damit angetönt: die von Salis-Marschlins, einst zum Hofe Herzogs von Bouillon gehörend und im Kriegsdienst für Ludwig XIII. erprobt, erwarben sich im 18. und frühen 19. Jahrhundert grosse Verdienste um den bündnerischen Obstbau. Ulysses von Salis-Marschlins und sein Sohn Karl Ulysses engagierten sich praktisch und publizistisch.

Es gehörte dies zum Geist der Zeit, der sich aus dem ausschliesslichen Interesse für die alten

Reichsapfel, um 1200, Köln (?), Gold, Edelsteine und Perlen, Höhe 21 cm, Kunsthistorisches Museum Wien

Albrecht Kauw (1621–1681), *Stilleben mit Hahn und Henne*, 1678, Öl auf Leinwand, 146 × 101 cm, Kunstmuseum Bern

Sprachen löste und sich mit der Natur und ihrer Kultivierung intensiv und in moderner Weise befasste, nämlich auch mit der Schulung des Nachwuchses.

Die vom Apfel bestimmte Reise sieht als Etappe ohne Zweifel das Kloster St. Gallen vor, dessen berühmter Klosterplan aus dem 9. Jahrhundert – der nämlichen Epoche wie die karolingische Landgüterordnung – fassbare Anfänge der schweizerischen Obstkunde und -pflege manifestiert.

Es mögen vor allem Liebespaare sein, die zur Ruine der «Feste Stein» bei Baden spazieren. Ihnen werden die historisch aufmerksamen Apfelliebhaber eine Störung sein, sofern sie wirklich aufbrechen zu den baulichen Überresten des einst habsburgischen Verwaltungssitzes. Aber vielleicht genügt es durchaus, auf die Besichtigung vor Ort zu verzichten und einfach zur Kenntnis zu nehmen, dass dort von 1393 bis 1396 Engelhard von Weinsberg VIII. als österreichischer Landvogt residierte, der 1417 in der hohen Stellung eines Reichserbkämmerers starb.

Doch nicht als Ausgangspunkt einer steilen adligen Karriere wird hier die «Feste Stein» erwähnt, sondern als Haushalt einer adligen, mit Ehefrau Anna Gräfin von Leiningen und den Kindern Konrad, Ida, Margarethe, Agnes, Amalia und Elisabeth achtköpfigen Familie. Und diese vermögende Gemeinschaft zieht unseren Apfelblick an, weil sie über Einnahmen und Ausgaben nicht nur abrechnete, sondern ihre Bücher wenigstens und glücklicherweise so sorgfältig aufbewahrte, dass ein Teil bis auf den heutigen Tag bestehen blieb. Die im Schloss Neuenstein zwischen Heilbronn und Schwäbisch Hall entdeckten Aufzeichnungen beziehen sich aufs Jahr zwischen Mai 1395 und Juli 1396 und vermitteln uns einen der seltenen genaueren Aufschlüsse über einen mittelalterlichen Alltag.

Die Weinsbergs kauften zwei Milchkühe und ein Kalb, gelegentlich Milch und Käse, teure importierte Heringe und an Süsswasserfischen Aal, Äschen, Barben, Brachsen, Egli, Forellen, Groppen, Hecht, Karpfen, Salm und Trüschen sowie mehrmals Krebse. Gemäss Kassenbuch ass die Familie Brot und Semmeln, Rind-, Schweine-, Bären-, Biber-, Hasen- und Fasanenfleisch sowie Wild und trank Wein. Hie und da wurden Kefen eingekauft, Erbsen, Rüben, Kraut und Tomaten.

Den erheblichsten Lebensmittelbetrag wandten die Weinsbergs auf fürs Hochzeitsessen ihrer Tochter Ida. Woran sich die kleine, aber feine

Niklaus Stoecklin (1896–1982), *Stilleben mit Ente*, Öl auf Pavatex, 60 × 45 cm, Privatbesitz

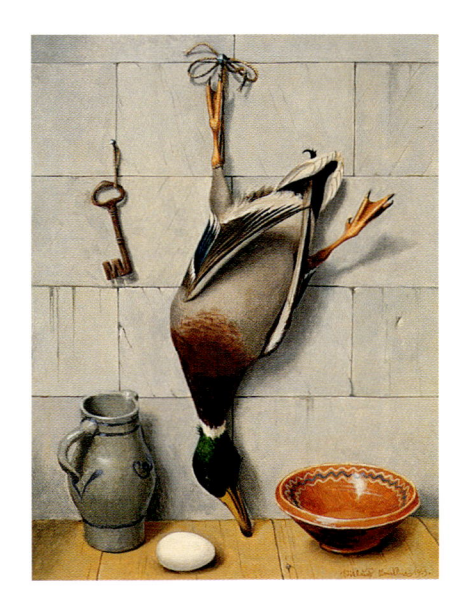

176

Paul Cézanne (1819–1906),
Stilleben mit Früchten und Topf,
1885–1890, Öl auf Leinwand, 33 × 46,5 cm, Stiftung
«Langmatt» Sidney und
Jenny Brown Baden

Hans Brühlmann (1871–1911),
Stilleben in Grün, 1909,
Öl auf Leinwand, 60 × 65 cm,
Museum Oskar Reinhart
«Am Stadtgarten» Winterthur

Gesellschaft mit Herzog Leopold IV. auf dem Ehrenplatz delektierte, wissen wir leider nicht, weil die Ausgaben bloss gesamthaft aufgezeichnet wurden.

Um so erfreuter erfahren wir, dass die Herrschaften ihren Tisch immer wieder deckten mit Birnen, Erdbeeren, Feigen, Haselnüssen, Kastanien, Kirschen, Wacholderbeeren und – wie anders wäre der lange Aufenthalt auf der «Feste Stein» sonst zu rechtfertigen – mit Granatäpfeln und Äpfeln, derentwegen sich der Burgschreiber sechsmal über seine Papiere beugen musste.

Weitaus mehr Besucher als die Ruine über Baden trotz ihrer habsburgischen, österreichischen und eidgenössischen Bedeutung je anziehen dürfte, treffen jedes Jahr auf dem Oeschberg ein, der einen jüngeren, aber gleichfalls vom Apfel mitbestimmten historischen Hintergrund besitzt.

Das Gut an der unteren Emme, inmitten der bernischen Kornkammer, müsste allein als Sitz der Kantonalen Gartenbauschule, des Beratungsdienstes des Verbandes Schweizerischer Gärtnermeister, der Kantonalen und gleichzeitig Schweizerischen Zentralstelle für Obstbau und mit seinem Obstlehrpfad auf unserem Reiseplan figurieren.

Hinzu kommt, dass der Oeschberg heute kaum wäre, was er ist, stünde hinter ihm nicht die Grossherzigkeit des Obstpioniers Ferdinand Affolter und seiner Schwester Elise, die 1905 kinderlos starben und ihren Besitz, 120 Jucharten Land und 32 Jucharten Wald, samt einem stattlichen Barvermögen dem gemeinnützigen Verein des Amtes Burgdorf vermachten mit der Auflage, das Gut als Heim weiterzuführen für «Dienstboten männlichen wie weiblichen Geschlechts mit unbescholtenem Leumund, die längere Zeit bei einer Familie im Amtsbezirk Burgdorf ohne Tadel mit Treue und Fleiss in solidem Lebenswandel, überhaupt mit ehrenswerter Auszeichnung, gedient und mit der betreffenden Familie in häuslicher Gemeinschaft gelebt» haben, «eine angemessene Verpflegung und Versorgung gewähren».

Überdies bestanden die Affolters testamentarisch darauf, dass auf dem Gut die Land- und Forstwirtschaft, der Obst- und Gemüsebau und die Blumenpflege stets mustergültig betrieben werden. Damit waren die äusseren Voraussetzungen gegeben, den Oeschberg zu erhalten, ihn auch vom Kanton her zu unterstützen und allmählich zu entwickeln zum weit ausstrahlenden Zentrum.

Wenn sich die Geschichte wiederholt, dann beschert uns dereinst die Eröffnung von Spielcasinos

Alberto Giacometti
(1901–1966), *Äpfel im Atelier*,
1953, Öl auf Leinwand,
72,5 × 60 cm, Sprengel
Museum Hannover

Henri Cartier-Bresson (1908),
Alberto Giacometti in Stampa,
Magnum Paris

Giovanni Giacometti
(1868–1933), *Die Lampe*,
1912, Öl auf Leinwand,
130 × 150 cm, Kunsthaus
Zürich

in der Schweiz einen wahren Obst- und Apfelsegen. Diese Perspektive mögen die Anhänger des «grand jeu» als entscheidungsbeschleunigendes Argument verwenden, während sie den Gegnern vielleicht zum Trost gereicht.

Tatsache ist, dass im Wallis die Apfelbäume noch immer nur für den Eigenbedarf blühen würden, hätte im 19. Jahrhundert das Spielcasino von Saxon keinen blühenden Umsatz erzielt. Gäste aus aller Welt, unter ihnen Fjodor Michajlowitsch Dostojewskij, der 1868 seinen Roman «Der Spieler» veröffentlichte, wandelten unter dem scheelen Blick von Monte Carlo auf Fortunas Spuren ins Wallis. Doch einige der Glückssucher starrten nicht bloss auf Kugeln und Karten, sondern waren wachen Blickes genug, um das günstige Klima der Rhoneebene zu erkennen. Der Franzose Morel setzte wohl auch auf «Rouge» und «Noir», aber daneben als erster auf Spargel, der Basler Egg auf Erdbeeren, Pfirsiche und Aprikosen. Und dem vom Casino beschäftigten deutschen Landschaftsgärtner Bollin blieb genügend Zeit, in den Gärten der Umgebung Apfel- und Birnenspaliere zu ziehen.

Als in unserem Lande 1877 das gesetzliche Verbot des Glücksspiels auch die Lampen über den grünen Tischen Saxons erlöschen liess, ging den Bauern das pomologische Licht auf. Was ihnen Bollin, Egg und Morel vor Augen führten, machten sie sich zur eigenen Aufgabe. Sie korrigierten den Lauf der Rhone, entsumpften die Ebenen und förderten die Obstkulturen, die heute mit Golden, Gravensteinern, Idared, Jonathan, Kanada-Reinetten und Maigold etwa einen Viertel unseres Bedarfs decken.

Die Waadtländer Bauern, von keinen spielverrückten Adligen, Autoren und Abenteurern auf den richtigen Weg der Fruchtbarkeit gebracht, öffneten sich dem Obstbau im grossen Umfange erst nach dem Zweiten Weltkrieg, nehmen aber nunmehr nach dem Wallis und Thurgau den dritten Platz ein.

Wäre Paradiso nicht städtischer Agglomerationsteil von Lugano, das ehemalige Klarissinnenkloster Paradies am Rhein bei Schaffhausen statt eine Fachbibliothek zur Eisengeschichte eine solche zur Obstverwertung, dann würden wir auf schweizerischem Boden in geradezu zwingender und schönster Natürlichkeit dorthin zurück gelangen, wo nicht nur dieses Buch seinen Anfang nahm, sondern nach biblischer Überzeugung die Menschheit: ins Paradies.

Aber brauchen wir diesen Ort der Rückkehr, einen irdischen Platz, der uns den paradiesischen wenn nicht erleben, so doch erahnen lässt?

Es genügt, einen Apfel in die Hand zu nehmen. Mit ihm sind wir überall. Die Frucht der Früchte ist die Reise der Reisen. In ihm verbirgt sich die Welt und das magische Universum dazu. Er ist ein Reichsapfel, das Reich darstellend, das die Geschichte umfasst, die Märchen und Sagen, die verlorene Utopie des wunschlos glücklichen Menschen, das Heil und alles Unheil, das Leben und den Tod, das Wunder der Natur.

Auch dieses Buch hat das Geheimnis des Apfels nicht verraten. Es zeigt bestenfalls, was das Geheimnis umschliesst. Bestenfalls? Wäre es nicht sogar der schlechtere Fall, wenn sich der Apfel preisgegeben und entzaubert hätte?

René Magritte (1898–1963),
Le Prêtre marié, 1961, Öl auf
Leinwand, 130 × 150 cm,
Privatbesitz

Anhang

Dank	184
Lieblingsbilder mit Äpfeln in ausländischen Sammlungen, die nicht abgebildet sind	186
Bibliographie	188
Erwähnte Museen, Sammlungen und Bibliotheken	194
Photonachweis	195
Die Autoren	199

Dank

Für die finanzielle Förderung, mit der die Herausgabe dieses Buches erleichtert worden ist, danken wir: André Furter, Lenzburg; Ernst Göhner-Stiftung, Zug; Mosterei Möhl AG, Arbon, Herstellerin von «Saft vom Fass», «Möhl-Saft Spezial», «Tobijässler», «Swizly», «Jean-Georges», «Süssmost», «Steinkrügler» «Apfelsprudel», «Apfel-Nektar» und «Bio-Süssmost»; Dr. Ernst Müller-Möhl, Zürich; Stadt Baden; Thurella AG, Bischofszell, Herstellerin von «OBI Apfelsaft», «OBI Primeur Hochstämmler», «OBI Apfelsprudel», «OBI Pommystar», «OBI Bluestar», «OBI Obstsaft ab Presse», «Apfelgold», «Rittergold Classic», «Rittergold Trüb», «Rittergold Apfelschuss», «Blauacher», «Märwiler Apfelwein OVM» «Thurella Suure Moscht», «Apfel-/Obstwein», «Reine Constance» und «Incider»; Henri Vanni, Genf; Volkart Stiftung, Winterthur.

Sehr dankbar sind wir all jenen, die uns mit Rat und Tat bei der Realisierung unseres Buchprojektes wesentlich geholfen haben, vor allem: Markus Arbenz, Pro Specie Rara, St. Gallen; Dr. Roger Corbaz, Fructus, Prangins; Christian Hilbrand, Schweizerischer Obstverband, Zug; Jeannette Frey, Schweizerisches Landesmuseum, Zürich; Dr. Markus Kellerhals, Eidgenössische Forschungsanstalt für Obst-, Wein- und Gartenbau, Wädenswil; Dr. Rudolf Koella, Zürich; P. Dr. Odo Lang OSB, Stiftsbibliothek, Einsiedeln; Dr. Urs Leu, Zentralbibliothek, Zürich; Denise Vosseler, Schweizerisches Institut für Kunstwissenschaft, Zürich; Beat Wismer, Aargauer Kunsthaus, Aarau.

Für wertvolle Hinweise und liebenswürdige Hilfe danken wir auch Peter Affolter, Grossaffoltern; Prof. Dr. Franz Bächtiger, Bernisches Historisches Museum, Bern; Silvia Banz, Schweizer Heimatwerk, Zürich; Dr. Sigrid Barten, Museum Bellerive, Zürich; Hans-Ulrich Baumgartner, Rätisches Museum, Chur; Renée Beelen, Stichting Beeldrecht, Amstelveen; Riccardo Beretta, Gemeindeverwaltung, Brissago; Ruth Bertschi, Allgemeine Plakatgesellschaft, Bern; Walter Binder, Schweizerische Stiftung für die Photographie, Zürich; Dr. Dieter Bitterli, Luzern; Doris Bitterli, Aargauer Kunsthaus, Aarau; Konrad Bitterli, Kunstmuseum, St. Gallen; Beatriz Bovey, Fondation de l'Hermitage, Lausanne; Cécile Brunner, Kunsthaus, Zürich; Dr. Roman Brüschweiler, Staatsarchiv des Kantons Aargau, Aarau; Isabelle Brun, Musée d'art et d'histoire, Genf; Rita Bucher, Bernisches Historisches Museum, Bern; Samuel Buri, Basel; Monika Büttner, Schweizerisches Institut für Kunstwissenschaft, Zürich; Gabriela Caretta, Kunstmuseum, Bern; Joanne Charlton, Wallace Collection, London; William Crowe, Philatelic Foundation, New York; Dr. Jürg Davatz, Museum des Landes Glarus, Näfels; Manuela Derendinger, Kunstmuseum, Solothurn; Werner Döni, Aargauische Kantonsbibliothek, Aarau; Eva Dössegger, Meisterschwanden; Hans-Anton Ebener, Bernisches Historisches Museum, Bern; Bernhard Echte, Museum Neuhaus, Biel; Dr. Dietmar Elger, Sprengel Museum, Hannover; Letizia Enderli, Schweizerische Stiftung für die Photographie, Zürich; Gertrud Fankhauser-Schwarz, Eidgenössische Forschungsanstalt für Obst-, Wein- und Gartenbau, Wädenswil; Fideikommiss der Familie Zollikofer von Altenklingen; Heidi Frautschi, Paul-Klee-Stiftung, Bern; Ruth Frehner, Küsnacht; Dr. Margrit Früh, Historisches Museum des Kantons Thurgau, Frauenfeld; Karl Füllemann, Zurzach; Rita Gambetta, Schafisheim; Marianne Gächter-Weber, Textilmuseum, St. Gallen; Marianne Gerber, Schweizerisches Landesmuseum, Zürich; Prof. Dr. Georg Germann, Bern; Marcel Giger, Staatsarchiv des Kantons Aargau, Aarau; Willi Gohl, Winterthur; Martha Graves, Pace Wildenstein, New York; Katherine Griffiths, Courtauld Gallery, London; Dr. Tina Grütter, Museum zu Allerheiligen, Schaffhausen; Dr. Veronika Gutmann, Historisches Museum, Basel; Charlotte Gutzwiller, Öffentliche Kunstsammlung, Kunstmuseum, Basel; Dr. Beat Hanselmann, Peter-Mieg-Stiftung, Lenzburg; Lukas Hartmann, Historisches Museum, Basel; Elisabeth Heinemann, Städelsches Kunstinstitut, Frankfurt am Main; Dr. Hans Jörg Heusser, Schweizerisches Institut für Kunstwissenschaft, Zürich; Jürgen Hinrichs, Artothek, Peissenberg; Dr. Anne Hochuli, Musée romain d'Avenches, Avenches; Dr. Heinz Horat, Zug; Ernst Huber, Schweizerisches Institut für Volkskunde, Basel; Prof. Dr. Hanspeter Isler, Archäologische Sammlung der Universität Zürich, Zürich; Konrad Jaggi, Schweizerisches Landesmuseum, Zürich; Hedwig Janés, Diogenes Verlag, Zürich; Caroline Junier Clerc, Musée d'art et d'histoire, Neuchâtel; Dr. Gilbert Kaenel, Musée cantonal d'archéologie et d'histoire, Lausanne; Bettina Kaufmann, Diogenes Verlag, Zürich; Sonja und Roger Kaysel, Schweizer Kindermuseum, Baden; Esther Keller, Historisches Museum, Basel; Felix Kellermüller, Stadtbibliothek, Winterthur; Stefan Kern, Museum für Gestaltung, Zürich; Eva Korazija, Graphische Sammlung der ETH, Zürich; Dr. Titus Kupper, Stiftsarchiv, Beromünster; Veronica Kurth, Herrliberger-Sammlung, Maur; Walter Labhart, Dokumentationsbibliothek, Endingen; Markus Landert, Kunstmuseum des Kantons Thurgau, Warth; Dr. Hanspeter Lanz, Schweizerisches Landesmuseum, Zürich; Amélie Lefébure, Musée Condé, Chantilly; Dr. Danielle Leibundgut Wieland, Wettingen; Dr. Manfred Leithe-Jasper, Kunsthistorisches Museum, Wien; Werner Liechti, Museum zur Farb, Stäfa; Isabelle Linthorst-Tobler, Stäfa; Marianne Locca, Musée cantonal des Beaux-Arts, Lausanne; Nicole Loeffel, Musée Ariana, Genf; Dr. Elena Mango, Archäologische Sammlung der Universität Zürich, Zürich; Karl Mannhart, Weesen; Dr. Piroska Máthé, Staatsarchiv des Kantons Aargau, Aarau; Prof. Dr. Peter von Matt, Zürich; Dr. Bruno Meier, Historisches Museum, Baden; Dr. Cäsar Menz, Musée d'art et d'histoire, Genf; Marimée Montalbetti, Musée suisse du jeu, La Tour-de-Peilz; Magi Morgenthaler, Kantonsbibliothek, Frauenfeld; P. Gebhard Müller OSB, Stiftsbibliothek, Einsiedeln; Katharina Nyffenegger, Kunsthaus, Langenthal; Margrith Oppliger, Bundesamt für Kultur, Bern; Sophie Parthenay, Magnum, Paris; Cav. Claudio Pasquarelli, Bergeggi; Nathalie Pichard Sardet, Musée romain, Lausanne-Vidy; Richard Pichler, Gallery Art Focus, Zürich; Familie Pierazzi, Reggello; Krassimia Platchkov, La Pomme d'Or S.A., Genf; Dr. Eva-Maria Preiswerk, Stiftung «Langmatt» Sidney und Jenny Brown, Baden; Serge Rebetez, Musée d'art et d'histoire, Genf; Heinz Reinhart, Historisches Museum des Kantons Thurgau, Frauenfeld; Dr. Margret Ribbert, Historisches Museum, Basel; Urs Rinderknecht, Ennetbaden; Claude Ritschard, Musée d'art et d'histoire, Genf; Dr. Burkard von Roda, Historisches Museum, Basel; Miriam Rorato, Wohlen AG; Ursula Roth, Schweizerisches Gastronomie-Museum, Thun; Erica Rüegger, Kunstmuseum, Winterthur; Elfi Rüsch, Opera svizzera dei monumenti d'arte, Locarno; Dr. Verena Rutschmann, Schweizerisches Jugendbuch-Institut, Zürich; Agnes Rutz, Zentralbibliothek, Zürich; Gerhard Saner, Fondation Saner, Studen; John-Sébastien Sattentau, Cabinet des Estampes, Genf; Martin Schäfer, Deutsches Archäologisches Institut, Athen; Dr. Martin Schärer, Alimentarium, Vevey; Josef Schärli, Stiftsprobst, Beromünster; Dr. August Schläfli, Naturmuseum des Kantons Thurgau, Frauenfeld; Christian Schmid, Adliswil; Max Schmid, Glattfelden; Sepp Schmid, City Vereinigung Baden, Baden; Thomas Schmidheiny, Jona; Karl Schmuki, Stiftsbibliothek, St. Gallen; Prof. Dr. Rudolf Schnyder, Zürich; Letizia Schubiger, Galerie Beyeler, Basel; Max Roland Schwartz, Ebmatingen; Heidi Schwegler, Zürich; Regula und Dr. Hansjörg Schweizer, Baden; Dr. Louis Specker, Historisches Museum, St. Gallen; Marlies Spörri, Wettingen; Anna Maria Staechelin, Arlesheim; Marlies Stähli M.A., Zentralbibliothek, Zürich; Prof. Dr. Annemarie Stauffer, Fachhochschule, Köln; Verena Steiner-Jäggli, Winterthur; Klara Stern, Zürich; Felix Studinka, Museum für Gestaltung, Zürich; Irene Stoll, Sotheby's, Zürich; Romy Stocker, Fondation Saner, Studen; Dr. Beat Stutzer, Bündner Kunstmuseum, Chur; Dr. Rolf Thalmann, Schule für Gestaltung, Basel; Rosmarie Tschirky, Schweizerisches Jugendbuch-Institut, Zürich; Walter Tschopp, Musée d'art et d'histoire, Neuchâtel; Erna Tschudin, Genf; Dr. Verena Villiger, Museum für Kunst und Geschichte, Freiburg i. Ue.; Jacqueline Vitacco, Nebelspalter, Basel; Dr. Anne Wanner-Jean Richard, Textilmuseum, St. Gallen; Dr. Peter Wegmann, Museum Oskar Reinhart «Am Stadtgarten», Winterthur; Ilse Wegscheider, Kunsthistorisches Museum, Wien; Uwe Wilkes, Kunstverlag Maria Laach, Maria Laach; Dr. Clara B. Wilpert, Museum der Kulturen, Basel; Hanna Wittenwiler-Notter, Sammlung Oskar Reinhart «Am Römerholz», Winterthur; Matthias Wohlgemuth, Museum Oskar Reinhart «Am Stadtgarten», Winterthur; Edi Wolfensberger, Kunstsalon Wolfsberg, Zürich; Dominik Wunderlin, Museum der Kulturen, Basel; Lidia Zaza, Museo cantonale d'arte, Lugano; Ursula Zeller, Zürich; sowie allen Sammlerinnen und Sammlern, die ungenannt bleiben wollen.

Verena und Markus Füllemann
Alex Bänninger

Lieblingsbilder mit Äpfeln in ausländischen
Sammlungen, die nicht abgebildet sind

Deutschland

Balthasar Denner (1685–1749), *Stilleben mit Äpfeln und Pokal*, Hamburger Kunsthalle

Roland Delaporte (1724–1793), *Stilleben mit Eiern und Äpfeln*, Archiv für Kunst und Geschichte Berlin

Paula Modersohn-Becker (1876–1907), *Stilleben mit Früchten*, Kunsthalle Bremen

England

Juan van der Hamen y León (1596–1631), *Still Life with Flowers and Fruit*, National Gallery London

Gustave Courbet (1819–1877), *Still Life with Apples and a Pomegranate*, National Gallery London

Paul Cézanne (1839–1906), *Still Life with Putto*, Courtauld Gallery London

Georges Braque (1882–1963), *Glass and Plate of Apples*, Tate Gallery London

Stanley Spencer (1891–1959), *Apple Gatherers*, Tate Gallery London

Frankreich

Giuseppe Arcimboldo (1527–1593), *L'automne*, Louvre Paris

Louise Moillon (1610–1696), *La marchande de fruits et légumes,* Louvre Paris

Jean-Siméon Chardin (1699–1779), *Le gobelet d'argent*, Louvre Paris

Roland Delaporte (1724–1793), *La petite collation*, Louvre Paris

Henri Fantin-Latour (1836–1904), *Fleurs et fruits*, Musée d'Orsay Paris

Paul Cézanne (1839–1906), *Pommes et biscuits*, Musée de l'Orangerie des Tuileries Paris

Paul Cézanne, *Pommes et Oranges*, Musée d'Orsay Paris

Alfred Sisley (1839–1899), *Printemps aux environs de Paris. Pommiers en fleurs à Saint-Cloud*, Musée Marmottan Paris

Pablo Picasso (1881–1973), *Nature morte au pichet et aux pommes*, Musée Picasso Paris

Alberto Giacometti (1901–1966), *Etudes de pommes*, Fondation Maeght Saint-Paul

Österreich

Paul Cézanne (1839–1906), *Stilleben mit Äpfeln, Zuckerdose und Karaffe*, Kunsthistorisches Museum Wien

Gustav Klimt (1862–1918), *Apfelbaum II*, Österreichische Galerie Wien

Russland

Paul Cézanne (1839–1906), *Stilleben mit Äpfeln und einem Krug*, Ermitage Museum St. Petersburg

Auguste Renoir (1841–1919), *Äpfel und Blumen*, Ermitage Museum St. Petersburg

Henri Matisse (1869–1954), *Stilleben mit Obst und einer bronzenen Statue*, Puschkin Museum Moskau

Spanien

Albrecht Dürer (1471–1528), *Adam und Eva*, Prado Madrid

Juan Sánchez Cotán (1560–1627), *Stilleben mit Früchten und Vögeln*, Sammlung Hernani Madrid

Luis Meléndez (1716–1780), *Stilleben mit Früchten, Käse und Gefässen*, Prado Madrid

USA

William Sidney Mount (1807–1868), *Cider Making*, Metropolitan Museum of Art New York

Henri Fantin-Latour (1836–1904), *Still Life with Flowers and Fruit*, Metropolitan Museum of Art New York

Paul Cézanne (1839–1906), *Basket of Apples*, Art Institute of Chicago

Paul Cézanne, *Still Life with Apples and Peaches*, National Gallery of Art Washington (D.C.)

Claude Monet (1840–1926), *Apples and Grapes*, The Metropolitan Museum of Art New York

Mary Casatt (1844–1926), *Baby reaching for an Apple*, Virginia Museum of Fine Arts Richmond

Bibliographie

Am Anfang war der Apfel

Claudius Matthias, *Sämtliche Werke*, München 1984

Geerings of Ashford LTD (Hg.), *The Brogdale Apple & Pear Recipe Book*, Ashford o.J.

Gruber Eugen u. a., *Geschichte von Cham*, Festgabe zur 1100-Jahr-Feier der Gemeinde Cham, Band 2, Cham 1962

Kitton David, *The Good Cider Guide*, St. Albans 1990

Woodier Olwen, *The Apple Cookbook*, 14. Auflage, Pownal 1994

Eva und Adam

Coughlan Robert, *Michel-Ange et son temps*, Verona 1972

Deutsche Bibelgesellschaft (Hg.), *Die Bibel nach der Übersetzung Martin Luthers*, Stuttgart 1981

Ersch J. S. und Gruber J. G., *Allgemeine Enzyklopädie der Wissenschaften und Künste*, Teil 4, unveränderter Nachdruck der 1818 ff in Leipzig erschienenen Ausgabe, Graz 1969

Filippa Guy, *Blick in eine Idylle, Schweizer Volkskunst und naive Malerei aus vier Jahrhunderten*, Bern 1983

Friedman Richard Elliott, *Wer schrieb die Bibel – so entstand das Alte Testament*, Wien und Darmstadt 1989

Huggler Max, *Cuno Amiet*, Lausanne 1971

Klauser Theodor (Hg.), *Reallexikon für Antike und Christentum*, Band 1, Stuttgart 1950

Reichert Klaus, *Das Hohelied Salomos*, 2. Auflage, Salzburg und Wien 1996

Wyss Heinz (Hg.), *Das Luzerner Osterspiel*, Bern 1967

Heldensagen, Götterglück

Ashe Geoffrey, *Kelten, Druiden und König Arthur: Mythologie der britischen Inseln*, Olten und Freiburg i. Br. 1992

Bosse Jacques, *Mythologie der Bäume*, Olten und Freiburg i. Br. 1990

Botheroyd Sylvia und Paul F., *Lexikon der keltischen Mythologie*, München 1992

D'Arbois de Jubainville H., *The Irish Mythological Cycle and Celtic Mythology*, Dublin und London 1903

Die Edda, in der Übersetzung von Arthur Häny, Zürich 1987

Furger Andres und Müller Felix, *Gold der Helvetier – Keltische Kostbarkeiten aus der Schweiz*, Zürich und Einsiedeln 1991

Hasenfratz Hans-Peter, *Die religiöse Welt der Germanen: Ritual, Magie, Kult, Mythos*, Freiburg, Basel und Wien 1992

Haussig Hans Wilhelm, *Götter und Mythen der kaukasischen und iranischen Völker*, Stuttgart 1986

Hetmann Frederik, *Irische Zauberharfe*, 2. Auflage, München 1995

Nelson Charles E. und Walsh Wendy, *Trees of Ireland*, Dublin 1993

Simek Rudolf, *Altnordische Kosmographie*, Berlin und New York 1990

Vouga Jean-Pierre, *Die Kelten – im Jubiläumsjahr vergessene Ahnen*, Neue Zürcher Zeitung, Nr. 177/1991

Weiss Richard, *Die Brünig-Napf-Reuss-Linie als Kulturgrenze auf volkskundlichen Karten*, in: Schweizerisches Archiv für Volkskunde, Nr. 58/1962

Aus dem kaukasischen Kreis

Bader Karl Siegfried, *Rechtsformen und Schichten der Liegenschaftsnutzung im mittelalterlichen Dorf*, Wien, Köln und Graz 1973

Begley Sharon, *Out of Africa, A Missing Link*, in: Newsweek, 3.10.1994

Bergier Jean-François, *Wirtschaftsgeschichte der Schweiz*, 2. Auflage, Zürich 1990

Bonwetsch Gerhard und Leonhardt Karl, *Von den Anfängen der Menschheit bis zum hohen Mittelalter*, Stuttgart 1957

Capitulare de villis imperialibus, in: Monumenta Germaniae Historica, Legum Tomus I, Stuttgart 1963

Ebeling Erich und Meissner Bruno, *Reallexikon der Assyriologie*, 1. Band, Berlin und Leipzig 1932

Franz Günther (Hg.), *Deutsche Agrargeschichte*, Band 6: Geschichte des deutschen Gartenbaus, Stuttgart 1984

Gore Rick, *Neandertals*, in: National Geographic Magazine, Nr. 1/1996

Haefele Hans, Ekkehard IV.: *St. Galler Klostergeschichten*, 3. Auflage, Darmstadt 1991

Hecht Konrad, *Der St.Galler Klosterplan*, Sigmaringen 1983

Hennebo Dieter und Hoffmann Alfred, *Geschichte der deutschen Gartenkunst*, Hamburg 1962 – 1965

Homer, *Odyssee*, in der deutschen Übersetzung von Johann Heinrich Voss, Frankfurt am Main und Hamburg 1963

Hoops Johannes, *Reallexikon der Germanischen Altertumskunde*, 1. Band, Berlin und New York 1973

Imhof Eduard, *Atlas der Schweiz*, Wabern-Bern 1965 ff.

Joki Aulis J., *Der wandernde Apfel*, in: Studia orientalia, Helsinki 1962

König Roderich (Hg.), C. Secundus d. Ä., *Naturkunde, Lateinisch-Deutsch, Buch XV,* Zürich 1981

Mark Rudolf A., *Die Völker der ehemaligen Sowjetunion*, 2. Auflage, Opladen 1992

Meyer Werner, *Hirsebrei und Hellebarde*, Olten 1985

Müller-Wolfer Theodor (Hg.), *Putzger – Historischer Atlas zur Welt- und Schweizer Geschichte*, Aarau 1981

Ochsenbein Peter und Schmid Karl (Hg.), *Handschriften und Drucke aus dem 8. bis 18. Jahrhundert*, Ausstellungsführer Stiftsbibliothek St. Gallen 1987/88, St. Gallen 1988

Osterwalder Christin und André Robert, *Fundort Schweiz*, Band 1, 4. Auflage, Solothurn 1990

Reuter, *Urahn des modernen Menschen gefunden?*, Neue Zürcher Zeitung, Nr. 123/1997

Spitzbarth Anna, *Digenes Akritas*, Baden 1988

Toynbee Arnold, *Menschheit und Mutter Erde – Die Geschichte der grossen Zivilisationen*, Düsseldorf 1979

Walz Dorothea, *Auf den Spuren der Meister – Die Vita des heiligen Magnus von Füssen*, Sigmaringen 1989

Diese Süsse, die sich erst verdichtet

Anderson Robert R., Goebel Ulrich und Reichmann Oskar, *Frühneuhochdeutsches Wörterbuch*, Band 1, Berlin und New York 1989, Band 2, Berlin und New York 1994

Oswald A. Erich und Beitl Richard, *Wörterbuch der deutschen Volkskunde*, 3. Auflage, Stuttgart 1974

Brambach Rainer, *Unter Apfelbäumen*, in: Ich fand keinen Namen dafür, Zürich 1969

Büchmann Georg, *Geflügelte Worte – Der Zitatenschatz des deutschen Volkes*, 37. Auflage, Frankfurt am Main 1986

Burkart Erika, *Moräne*, Olten 1970

Campe Joachim Heinrich (Hg.), *Wörterbuch der Deutschen Sprache*, 1. Teil, Braunschweig 1807

Corrodi-Sulzer A., *Häuserverzeichnis der Stadt Zürich*, Ausgezogen aus dem Brandkataster 1812 – 1913, Baugeschichtliches Archiv der Stadt Zürich

Crystal David, *Die Cambridge Enzyklopädie der Sprache*, Zürich 1993

Egli Bernhard, *Obstgärten der Region Schaffhausen*, Neujahrsblatt der Naturforschenden Gesellschaft Schaffhausen, Nr. 44/1992

Eich Günter, *Bratapfellied*, in: Gesammelte Werke, Band 1, Frankfurt am Main 1991

Eichmann-Leutenegger Beatrice, *Budapest, Szent Anna Templon 1974*, in: Verabredungen mit Männern, Zürich 1994

Fontane Theodor, *Frühling*, in: Werke, Band 1, Wiesbaden o. J.

Frisch Max, *Trauben von Abschied*, aus: Die Schwierigen oder J'adore ce qui me brûle, in: Das Herbstbuch, Frankfurt am Main 1982

Glauser Friedrich, *Schlumpf Erwin Mord/Wachtmeister Studer*, Zürich 1995

Goethe Johann Wolfgang von, *Faust I und II*, Goethe Werke, Frankfurt am Mai 1984

Gotthelf Jeremias, *Das Erntefest*, in: Sämtliche Werke in 24 Bänden, hg. von Rudolf Hunziker und Hans Boesch, Erlenbach ZH 1921–77

Gotthelf Jeremias, *Der Bauernspiegel*, in: Sämtliche Werke in 24 Bänden, hg. von Rudolf Hunziker und Hans Boesch, Erlenbach ZH 1921–77

Grimm Jacob und Wilhelm, *Deutsches Wörterbuch*, Band 1, fotomechanischer Nachdruck der Erstausgabe von 1935, München 1984

Jelmini Jean-Pierre, *Neuchâtel*, Hauterive 1994

Kaltenbrunner Gerd-Klaus, *So ründet sich das Apfeljahr*, Badener Tagblatt, 24.10.1992

Keller Gottfried, *Der grüne Heinrich*, in: Sämtliche Werke, Band 1, München 1953

Kluge, *Etymologisches Wörterbuch der deutschen Sprache*, 23. Auflage, Berlin und New York 1995

Küpper Heinz, *Illustriertes Lexion der deutschen Umgangssprache*, Band 1, Stuttart 1982

Kuratorium Singer der Schweizerischen Akademie der Geistes- und Sozialwissenschaften (Hg.), *Thesaurus Proverbium Medii Aevi*, Band 1, Berlin und New York 1995

Lexer Matthias, *Mittelhochdeutsches Handwörterbuch*, Stuttgart 1992

Loetscher Hugo, *Die Launen des Glücks*, 1997, noch unveröffentlicht

Meier Helen, *Aufgerissen*, in: Das einzige Objekt der Farbe, Zürich 1985

Meyer Conrad Ferdinand, *Fülle*, in: Sämtliche Werke in zwei Bänden, München 1976

Peltzer Karl und von Normann Reinhard, *Das treffende Zitat*, 7. Auflage, Thun 1979

Pokorny Julius, *Indogermanisches Etymologisches Wörterbuch*, 1. Band, 1. Hälfte, Bern und München 1959

Portmann Paul F. (Hg.), *Di letschti Chue tuet s Törli zue*, Schweizerdeutsche Sprichwörter, Frauenfeld 1983

Rilke Rainer Maria, *Der Apfelgarten*, in: Jahreszeiten, Gedichte und Gedanken, Frankfurt am Main und Leipzig 1994

Rilke Rainer Maria, *Sonette an Orpheus*, 1. Teil, in: Werke in drei Bänden, Frankfurt am Main 1966

Röhrich Lutz, *Lexikon der sprichwörtlichen Redensarten*, Band 1, Freiburg i. Br., Basel und Wien 1973

Schönberger Otto (Hg.), P. Vergilius Maro, *Georgica – Vom Landbau*, Stuttgart 1994

Schöneweiss Hans Gerd, *Die Namen der Obstbäume in den Romanischen Sprachen*, Köln 1955

Schröder Rudolf Alexander, *September-Ode*, in: Bäume, Frankfurt am Main 1987

Simrock Karl, *Die deutschen Sprichwörter*, Stuttgart 1988

Stadtrat von Zürich, Auszug aus dem Protokoll vom 17.1.1964, Denkmalschutz, Haus Rindermarkt 12, «Zum Judenhut» («Oepfelchammer»)

Staiger J., *Affoltern – Die «Apfelbaum-Verwandtschaft»*, Separatdruck aus dem «Anzeiger von Affoltern», Zürich 1963

Starobinski Jean, *«Tapisserie des pommiers», Ein unveröffentlichtes Gedicht von Pierre Jean Jouve*, Neue Zürcher Zeitung Nr. 134/1994

Uhland Ludwig, *Einkehr*, in: Bäume, Frankfurt am Main 1987

von Salis-Seewis Johann Gaudenz, *Mailied*, in: Gedichte, Zürich 1937

Walser Robert, *Der Herbst*, in: Das Herbstbuch, Frankfurt am Main 1987

Zollinger Albin, *Legende vom Heiligen mit dem Apfelsamen*, in: Werke, Band 4, Zürich 1983

Die Tochter Wilhelm Tells

Beaucamp Eduard, *Sternstunden auf der Schäreninsel*, Frankfurter Allgemeine Zeitung, 2.8.1996

Bergier Jean-François, *Wilhelm Tell, Realität und Mythos*, München und Leipzig 1990

Dettwiler Walter, *Wilhelm Tell: Ansichten und Absichten*, Zürich 1991

Dolder Willi und Ursula, *Das Wallis*, 3. Auflage, Köln 1993

Frisch Max, *Wilhelm Tell für die Schule*, Frankfurt am Main 1971

Haller Hans, *Kunstreisen in der Schweiz*, Zürich 1976

Henzi Samuel, *Grisler ou l'ambition punie*, zweisprachige, von Kurt Steinmann ins Deutsche übersetzte Ausgabe, Bern 1996

Schiller Friedrich, *Wilhelm Tell*, Frankfurt a. Main 1966

Stadler-Pflanzer Hans, *Geschichte des Landes Uri*, Teil 1, Schattdorf 1993

Windisch Uli und Cornu Florence, *Tell im Alltag*, Zürich 1988

Fruchtbare Mitgift

Freudenberg Hermann, *Die Obstbaumlandschaft am Bodensee*, Freiburg i. Br. und Heidelberg 1938

Härle Josef, *Das Obstbaugebiet am Bodensee*, Tübingen 1964

Herdi Ernst, *Geschichte des Thurgaus*, Frauenfeld 1943

Pupikofer Johann Adam, *Der Obstbau im Thurgau*, in: Thurgauisches Neujahrsblatt, Nr. 17, Frauenfeld 1841

Schoop Albert u. a., *Geschichte des Kantons Thurgau*, Band 2, Frauenfeld 1992

Schoop Albert, *Unser Thurgau*, 9. Auflage, Frauenfeld 1991

Thurgauischer Landwirtschaftlicher Kantonalverband (Hg.), *150 Jahre Thurgauischer Landwirtschaftlicher Kantonalverband 1835–1985*, o. O.

Zeit, Geduld, Beharrlichkeit

Aeppli A. u. a., *Obstsorten*, 3. Auflage, Zollikofen 1989

Aigner Korbinian, *Äpfel und Birnen*, München 1993

Bayard Hora, *Bäume der Welt*, Eine Enzyklopädie, 2. Auflage, Stuttgart 1993

Blackburne-Maze Peter, *The Apple Book*, Twickenham 1986

Bundesamt für Statistik (Hg.), *Sortenverzeichnis mit Code-Nummer*, Bern 1991

Bundesamt für Statistik (Hg.), *Statistisches Jahrbuch der Schweiz*, Zürich 1993

Corbaz Roger, *Gründung und Entwicklung von Fructus*, in: Fructus Nr. 36/1995

gd, *Apfelkrieg zwischen Neuseeland und China*, Neue Zürcher Zeitung, Nr. 107/1997

Huggenberger Alfred, *Der Pomolog*, unveröffentlichtes Manuskript, Thurgauische Kantonsbibliothek, Frauenfeld

Kellerhals Markus und Gessler Cesare, *Apfelzüchtung vor neuen Herausforderungen*, in: Agrarforschung, Nr. 2/1995

Kellerhals M., Rusterholz P. und Rapillard Ch., *Sortenbewertung Tafeläpfel*, Ausgabe 1990, hg. von der Fachkommission für Obstsortenprüfung, Koppigen, Wädenswil und Conthey 1989

Kellerhals M., Müller W., Bertschinger L., Darbellay Ch., Pfammatter P., *Obstbau*, Zollikofen 1997

Kessler H., *Apfelsorten der Schweiz*, 2. Auflage, Bern 1917

lt, *Offensive der Naturschützer für Hochstämme*, Neue Zürcher Zeitung, Nr. 96/1997

Martin Alice A., *All About Apples*, Boston 1976

Martini Silvio, *Geschichte der Pomologie in Europa*, Bern 1988

Maurer Jürg, *Erster Obstlehrpfad wird eröffnet*, in: Schweizer Bauer, Nr. 61/1994

Mone F. J., *Über den Obstbau vom 8. bis 16. Jahrhundert*, in: Zeitschrift für die Geschichte des Oberrheins, Band 13, Karlsruhe 1861

Morgan Joan und Richards Alison, *The Book of Apples*, London 1993

Rousseau Jean-Jacques, *Botanik für artige Frauenzimmer*, Hanau 1980

Schweizerischer Obstverband und Eidgenössische Alkoholverwaltung (Hg.), *A wie Äpfel, B wie Birnen*, Zug und Bern 1993

Schweizerischer Obstverband, *Verzeichnis der Spezialmostäpfel*, Zug o. J.

Spreng Hans, *Oeschberg*, Bern 1969

Stoll Karl, *Der Apfel*, Zürich 1997

Wheeler William, *La Pomme*, Paris 1997

Wiedmer Ursina und Wettstein Walter, *Obstgarten Höri*, in: Fructus, Nr. 37/1996

Das Auge Buddhas

Bächtold Hanns, *Die Gebräuche bei Verlobung und Hochzeit*, 1. Band, Basel und Strassburg 1914

Bächtold-Stäubli Hanns, *Handwörterbuch des deutschen Aberglaubens*, Band 1, Berlin und New York 1987

Baldinger Max, *Aberglaube und Volksmedizin in der Zahnheilkunde*, in: Schweizerisches Archiv für Volkskunde, Nr. 35, Basel 1936

Basler Hildegard-Gesellschaft (Hg.), *Hildegard von Bingen*, Heilkraft der Natur «Physica», in der Übersetzung von Marie-Louise Portmann, Augsburg 1993

Beuchert Marianne, *Symbolik der Pflanzen*, Frankfurt am Main 1995

Bolte Johannes und Polívka Georg (Hg.), *Anmerkungen zu den Kinder- und Hausmärchen der Brüder Grimm*, Hildesheim und New York 1982

Dicke Gerd u. Grubmüller Klaus (Hg.), *Die Fabeln des Mittelalters und der frühen Neuzeit*, München 1987

Eggmann Verena und Steiner Bernd, *Baumzeit*, Zürich 1995

Felder Pauline, *Von der Heilkraft unserer Bäume*, Kriens 1992

Hansmann Liselotte und Kriss-Rettenbeck Lenz (Hg.), *Amulett und Talisman, Erscheinungsform und Geschichte*, München 1977

Hauser Albert (Hg.), *Bauernregeln*, 3. Auflage, Zürich und München 1981

Hoffmann-Krayer Eduard (Hg.), *Feste und Bräuche des Schweizervolkes*, Zürich 1913

Hoffmann-Krayer Eduard, *Volksmedizinisches*, in: Schweizerisches Archiv für Volkskunde, Nr. 8, Zürich 1905

Höhn-Ochsner Walter, *Pflanzen in Zürcher Mundart und Volksleben*, Zürich 1986

Hopf Walter, *Aberglauben im Kanton Bern vor 90 Jahren*, in: Schweizerisches Archiv für Volkskunde, Nr. 21/1917

Keckeis Peter (Hg.), *Sagen der Schweiz*, Uri, Zürich 1985

Jungbauer Gustav (Hg.), *Deutsche Volksmedizin*, Berlin und Leipzig 1934

Märchen der Brüder Grimm, München 1937

Mercatante Anthony S., *Der magische Garten, Pflanzen in Mythologie und Brauchtum, Sage, Märchen und geheimer Bedeutung*, Zürich 1980

Moser-Gossweiler Fritz (Hg.), *Volksbräuche in der Schweiz*, Zürich 1940

Most, Georg Friedrich (Hg.), *Encyklopädie der Volksmedizin*, Graz 1973

Peuckert Will-Erich (Hg.), *Handwörterbuch der Sage*, 1. – 3. Lieferung, Göttingen 1961

Ranke Kurt (Hg.), *Enzyklopädie des Märchens*, Band 1, Berlin und New York 1977

Riser Alfred, *Volksbrauch und Volksglauben aus dem Emmental*, in: Schweizerisches Archiv für Volkskunde, Nr. 24/1922

Röhrich Lutz, *Lexikon der sprichwörtlichen Redensarten*, Band 1, Freiburg, Basel und Wien 1973

Schweizer Volkskunde, *Korrespondenzblatt der Schweizerischen Gesellschaft für Volkskunde*, Basel Nr. 8, 19, 21/1921

Schramm Percy Ernst, *Sphaira – Globus – Reichsapfel, Wanderung und Wandlung eines Herrschaftssymbols von Cäsar bis zu Elisabeth II.*, Stuttgart 1958

Ulmer Günter Albert, *Der Apfel als Quelle Ihrer Gesundheit*, Tübingen 1993

von Hofmann Thomalius u. a. (Hg.), *Weihnachten. Ursprung, Bräuche und Aberglauben*, Wiesbaden 1862

Waldmann Richard (Hg.), *Die Schweiz in ihren Märchen und Sennengeschichten*, Köln 1983

Klosterfrauen, Domherren und Normannen

Bernerisches Koch-Büchlein, Nachdruck der Ausgabe von 1749, Bern 1970

Binder Egon M., *Fruchtwein, Most und Säfte selbst gemacht*, 5., überarbeitete Auflage, München, Wien und Zürich 1993

Coleri Johannis, *Oeconomiae oder Hausbuchs 1. Teil Vom Hauswesen*, Wittenberg 1623

Ehlert Trude, *Das Kochbuch des Mittelalters*, 4. Auflage, Zürich und München 1995

Elsholtz Johann Sigismund, *Diaeteticon*, Leipzig 1984

Foster Norman, *Schlemmen hinter Klostermauern*, Hamburg 1980

Gollmer Richard, *Das Apicius-Kochbuch*, Breslau und Leipzig 1909

Hauser Albert, *Das Neue kommt, Schweizer Alltag im 19. Jahrhundert*, Zürich 1989

Hauser Albert, *Glück im Haus, ein immerwährender Kalender mit Lebensweisheiten, Rezepten und Sprüchen*, Zürich 1982

Hauser Albert, *Schweizerische Wirtschafts- und Sozialgeschichte,* Erlenbach-Zürich und Stuttgart 1961

Hauser Albert, *Vom Essen und Trinken im alten Zürich,* Zürich 1961

Hauser Albert, *Was für ein Leben, Schweizer Alltag vom 15. bis 18. Jahrhundert*, Zürich 1987

Haushaltungsschule Schlösschen Tobel, Bischofszell (Hg.), *Kochbuch*, Frauenfeld 1898

Heer J. H. (Hg.), *250 Rezepte aus dem Gebiete der Kochkunst*, 3. Auflage, Bern 1862

hf., *Der «Apfelschnaps des Jahres» kommt aus dem Kanton Aargau*, Neue Mittelland-Zeitung, Nr. 17/1996

Hummel Peter, *Cider – der andere Apfelsaft*, Tages-Anzeiger Zürich, 12. 11. 1996

Kaltenbach Marianne, *Aechti Schwizer Chuchi*, 7. Auflage, Bern 1985

Koch Fritz, *Die geographische Verbreitung der Obstkelterei, des Obstwein- und Mostgenusses in Mittel- und Westeuropa*, Oehringen 1936

Lipp Franz Carl, *Herzhafter Haustrunk Most*, Linz o. J.

Luzernerisches Koch-Buch, Luzern 1826

Luzernerisches Koch-Buch, Luzern 1848

Mencken H. L. (Hg.), *Dictionary of Quotations*, London und Glasgow 1982

Prasser Birgit und Schäfer Günther, *epfeltranc und birenmost, Gärmostbereitung am Bodensee*, Konstanz 1992

Ryff Walther, *Confext Büchlin vnd Hausz Apoteck*, Neudruck der Ausgabe von 1544, München 1983

Ryff Walther, *New Kochbuch für die Krancken*, Frankfurt am Main 1545

Rytz L. (Hg.), *Neues Berner Kochbuch*, 2. Auflage, Bern 1836

Sc, *Obststände im Bundeshaus*, in: Neue Zürcher Zeitung, Nr. 58/1997

Schuler Thomas, *Ungleiche Gastlichkeit, Das karolingische Benediktinerkloster, seine Gäste und die christlich-monastische Norm*, Bielefeld 1979

Spillmann Joseph, *Der schwarze Schuhmacher*, in: Zuger Anthologie, Band 1, Zug 1986.

Stäger Robert, *Schnitz und Hördöpfel*, Villmergen o. J.

Viard Alexander, *Der Kaiserliche Koch oder neuestes französisches Kochbuch für alle Stände*, Aarau 1808

Wecker Anna, *Ein köstlich new Kochbuch*, Neudruck nach einem Original aus der Sammlung Julius Arndt, München 1977

Wildeisen Annemarie und Schnieper Walter, *Rezepte aus der Zentralschweiz*, Aarau 1996

Willan Anne, *Kochkünste aus sieben Jahrhunderten*, Bern 1979

Weiss Richard, *Volkskunde der Schweiz*, Erlenbach ZH 1946

Faites vos pommes!

Bolli Paul, *Obstland Graubünden*, Chur 1988

Broodthaers Marcel u. a., *René Magritte, Die Kunst der Konversation*, München und New York 1996

Köhn Rolf, *Der österreichische Landvogt Engelhard von Weinsberg und die für ihn von Mai 1395 bis Juli 1396 geführten Abrechnungen*, in: Argovia, Jahresschrift der Historischen Gesellschaft des Kantons Aargau, Band 106, Teil II, Aarau 1994

Müller Iso, *Geschichte des Klosters Müstair*, 3. Auflage, Disentis 1986

Schweizerischer Obstverband (Hg.), *Oepfelposcht und frutta*, Zug 1983-1997

Schweizerischer Obstverband und Eidgenössische Alkoholverwaltung (Hg.), *Obstland Schweiz*, Zug und Bern 1986

Erwähnte Museen, Sammlungen und Bibliotheken

Aarau, Aargauer Kunsthaus, Aargauische Kantonsbibliothek, Staatsarchiv des Kantons Aargau

Baden, Historisches Museum, Stiftung «Langmatt» Sidney und Jenny Brown

Basel, Haus zum Kirschgarten, Historisches Museum, Öffentliche Kunstsammlung/Kunstmuseum, Museum der Kulturen

Bern, Bernisches Historisches Museum, Kunstmuseum, Paul-Klee-Stiftung

Bürglen UR, Tell Museum

Chantilly (F), Musée Condé

Den Haag, Gemeente Museum, Mesdag Museum

Dortmund, Museum am Ostwall

Einsiedeln, Stiftsbibliothek

Erlangen, Universitätsbibliothek

Freiburg/Fribourg, Museum für Kunst und Geschichte / Musée d'art et d'histoire

Genf, Musée de l'horlogerie

Hannover, Sprengel Museum

Lausanne, Fondation de l'Hermitage, Musée cantonal d'archéologie et d'histoire

Lenzburg, Peter-Mieg-Stiftung

London, British Museum, Courtauld Gallery, National Gallery, Wallace Collection

New York, Metropolitan Museum

Olympia, Archäologisches Museum

St. Gallen, Historisches Museum, Kunstmuseum, Stiftsbibliothek

Schaffhausen, Museum zu Allerheiligen

Schwyz, Forum der Schweizer Geschichte

Solothurn, Kunstmuseum

Stockholm, Moderna Museet

Studen, Fondation Saner

Vevey, Alimentarium

Wädenswil, Eidg. Forschungsanstalt für Obst-, Wein- und Gartenbau, Mostorama

Wien, Kunsthistorisches Museum

Winterthur, Kunstmuseum, Museum Oskar Reinhart «Am Stadtgarten», Sammlung Oskar Reinhart «Am Römerholz», Villa Flora/Sammlung Hahnloser

Zürich, Archäologische Sammlung der Universität, Graphische Sammlung der ETH, Keramiksammlung Zunfthaus zur Meisen, Kunsthaus, Museum für Gestaltung, Schweizerische Stiftung für die Photographie, Schweizerisches Landesmuseum

Photonachweis

9	Sammlung Oskar Reinhart «Am Römerholz» Winterthur
13	Wallace Collection London
15	Art Focus Gallery Zürich
18	Graphische Sammlung der ETH Zürich
19 o	Courtauld Gallery London
19 u	Franz Kälin Einsiedeln
20	Kunsthaus Zürich
21 o	Otto Engler und Felix Kellermüller Winterthur
21 u	Öffentliche Kunstsammlung Basel Martin Bühler
22	Service régional de l'inventaire général en Alsace Strasbourg
23 o	Franz Kälin Einsiedeln
23 u	Historisches Museum Basel
24	Öffentliche Kunstsammlung Basel Martin Bühler
25 o	Artothek Peissenberg
25 u	Roland Reiter Zürich
26	Werner Nefflen Ennetbaden
30	Öffentliche Kunstsammlung Basel Martin Bühler
31	Fibbi-Aeppli Grandson
32 o	Deutsches Archäologisches Institut Athen
32 u	British Museum London
34 o	Schweizerisches Landesmuseum Zürich
34 u	Villa Flora Winterthur
35	Metropolitan Museum New York
36	Zentralbibliothek Zürich
37	National Gallery London
38	Musée d'art et d'histoire Genf
39	Kunsthaus Zürich
41 o	Peter Lauri Bern
41 u	Jean-Baptiste Dupraz Fribourg
45	Mesdag Museum Den Haag
46	Museum Oskar Reinhart «Am Stadtgarten» Winterthur
48	Christoph Lehmann Yverdon
50 o	Ruedi Fischli Baden
50 u	Ruedi Fischli Baden
52	Museo Archaeologico Nazionale Neapel
55	Schweizerisches Landesmuseum Zürich
57	Fondation Saner Studen
58	Carsten Seltrecht St. Gallen
59	Carsten Seltrecht St. Gallen
62 o	Gemeinde Affeltrangen TG
62 u	Gemeinde Amriswil TG
63	Museum für Gestaltung Zürich
64	Kunsthaus Zürich
66	Alain Germond Neuenburg
67	Museum für Gestaltung Zürich
68 ol	Museum für Gestaltung Zürich
68 or	Museum für Gestaltung Zürich
68 ul	Museum für Gestaltung Zürich
68 ur	Allgemeine Plakatgesellschaft APG Bern
70	Schweizerisches Institut für Kunstwissenschaft Zürich
73	Galerie Beyeler Basel
75	Museum zu Allerheiligen Schaffhausen

77	Pipilotti Rist Zürich
79	Brigitte Lattmann Aarau
82	Atelier Saint-Dismas Lausanne
84	Schweizerisches Landesmuseum Zürich
86	Bernisches Historisches Museum Bern Stefan Rebsamen
88	Zentralbibliothek Zürich
91	Kunstmuseum Winterthur
92	Ruedi Fischli Baden
93	Ulrich Gantner Uerikon
96 o	Archäologische Sammlung der Universität Zürich Silvia Hertig
96 u	Lauros-Giraudon Paris
97	Roland Reiter Zürich
98 u/u	Schweizerische Stiftung für die Photographie Zürich
100	Haags Gemeente Museum Den Haag Stichting Beeldrecht
102	Schweizerisches Institut für Kunstwissenschaft Zürich
104	Kunstsalon Wolfsberg Zürich
106	Kunsthaus Zürich
111	Universitätsbibliothek Erlangen
113	Zentralbibliothek Zürich
115	Franz Kälin Einsiedeln
119	Franz Kälin Einsiedeln
120	Zentralbibliothek Zürich
122	Zentralbibliothek Zürich
124	Museum der Kulturen Basel
128	Werner Nefflen Ennetbaden
129	Schweizerisches Landesmuseum Zürich
131 o	Sotheby's Zürich
131 u	Kunstsalon Wolfsberg Zürich
133	Schweizerisches Institut für Kunstwissenschaft Zürich
134	Zentralbibliothek Zürich
135	Sotheby's Zürich
136	Foto Basler Aarau
137	Historisches Museum Basel
138	Kunstverlag Maria Laach
140 o	Musée d'art et d'histoire Fribourg
140 u	Sotheby's Zürich
142	Kunstmuseum Winterthur
143	Museum zu Allerheiligen Schaffhausen
147	Pace Wildenstein New York
149	Ruedi Fischli Baden
151	Aargauer Kunsthaus Aarau
153	Bundesamt für Kultur Bern
154	Zentralbibliothek Zürich
155	Schweizerisches Landesmuseum Zürich
156 o	Sotheby's Zürich
156 u	Schweizerisches Landesmuseum Zürich
158	Schweizerische Stiftung für die Photographie Zürich
160	Fotostudio Lautenschlager St. Gallen
161	Jörg Müller Aarau
162	Zentralbibliothek Zürich
163	Schweizerische Stiftung für die Photographie Zürich
165	Kunstmuseum St. Gallen

167	Thomas Cugini Zürich
170	Museum Oskar Reinhart «Am Stadtgarten» Winterthur
171	Aargauer Kunsthaus Aarau
172	Kunsthaus Zürich
173	Kunsthistorisches Museum Wien
174	Peter Lauri Bern
175	Schweizerisches Institut für Kunstwissenschaft Zürich
176 o	Ruedi Fischli Baden
176 u	Museum Oskar Reinhart «Am Stadtgarten» Winterthur
178	Sprengel Museum Hannover
179 o	Magnum Paris
179 u	Kunsthaus Zürich
181	Marian Gérard Carouge

Die Autoren

Verena Füllemann-Kuhn

geboren 1949 und wohnhaft in Baden, kombiniert berufliche und private Neigungen als Geschäftsführerin der Jubiläumsstiftung der Schweizerischen Bankgesellschaft. Als Juristin war sie zunächst an aargauischen Gerichten und beim Schweizerischen Zeitungsverlegerverband tätig. Sie ist Herausgeberin des Buches «Briefe an die NZZ» und Mitautorin des Photobandes «Baden um die Jahrhundertwende». Apfelschnitzli und frischer Süssmost von der Freiämter Mosterei gehörten zu ihrer Kindheit wie «Schnitz und drunder» und legten das Fundament für «Faites vos pommes!».

Markus Füllemann

geboren 1949 und wohnhaft in Baden, unterstützt als Leiter einer Stabsstelle den «Holderbank»-Konzern auf dem Weg zu einer «Lernenden Organisation». Während seines Physikstudiums an der ETH Zürich schrieb er als Lokaljournalist beim damaligen «Badener Tagblatt». Viel früher biss er an kühlen Oktobermorgen in seiner Heimatgemeinde Berlingen in einen «Fraurotacher», der seine Lieblingssorte geblieben ist.

Alex Bänninger

geboren 1942 und wohnhaft in Zürich, arbeitet als freier Publizist für die «Neue Zürcher Zeitung» und Schweizer Radio DRS 1, wo er die Sendungen «Persönlich» und «Gästebuch» moderiert. Er ist Autor und Mitherausgeber des 1996 im Benteli Verlag erschienenen Photobandes «Hans Baumgartner. Erlebnis – Ereignis – Ergebnis». Mitglied der Kunstkommission der Stadt Zürich. Im Eidgenössischen Departement des Innern leitete er die Filmsektion und beim Schweizer Fernsehen DRS die Programmabteilung Kultur und Gesellschaft.

© 1997 Benteli Verlags AG, Wabern-Bern
© 1997 für die Texte bei den Autoren
© 1997 für die Mehrzahl der Reproduktionen
bei Pro Litteris, CH-8033 Zürich, und für die übrigen
Bilder bei den Künstlerinnen und Künstlern oder
ihren Rechtsnachfolgern. Der Verlag konnte trotz
intensiver Recherchen nicht alle Inhaber von
Urheberrechten ausfindig machen, ist aber bei
entsprechender Benachrichtigung gerne bereit,
Rechtsansprüche im üblichen Rahmen abzugelten.

Gestaltung, Satz und Druck:
Wolfau-Druck Rudolf Mühlemann, Weinfelden
Lithos: Reprotechnik Kloten AG, Kloten
Buchbinderei Burkhardt AG, Mönchaltorf
Printed in Switzerland

ISBN 3-7165-1070-X

Umschlag: René Magritte, *Le Prêtre marié,* 1961